공유경제의 완성 크립토
경제의 미래

공유경제의 완성 **크립토**
경제의 미래

| 박항준 지음 |

CRYPTO ECONOMY

크립토 경제의 미래

초판 인쇄 2018년 12월 26일
초판 발행 2019년 1월 1일

지은이 박항준
펴낸이 김광열
펴낸곳 (주)스타리치북스

출판총괄 이혜숙
출판책임 권대홍
책임편집 한수지
출판진행 황유리
편집교정 추지영
본문편집 이지선
홍보영업 PAGE ONE 강용구

등록 2013년 6월 12일 제2013-000172호
주소 서울시 강남구 강남대로62길 3 한진빌딩 3~8층
전화 02-6969-8903

스타리치북스 페이스북 www.facebook.com/starrichbooks
스타리치북스 블로그 blog.naver.com/books_han
스타리치몰 www.starrichmall.co.kr
홈페이지 www.starrichbooks.co.kr

값 14,000원
ISBN 979-11-85982-57-1 13320

"하지만 누가 더 무지합니까? 번개의 원리를 모르는 이가 더 무지합니까?
아니면 번개를 보며 경이로워하지 않는 자가 더 무지합니까?"

―영화 〈천사와 악마〉 중에서

암호화폐는 '민간 영역'과 '공공 영역'이 해결할 수 없는
'사회통합 영역'을 해결할 수 있는 경이로운 매개체입니다.

암호화폐를 악용하는 사람, 인생 역전을 위한 투기 수단으로 보는 사람,
암호화폐가 무엇인지 잘 모르는 사람들도 있습니다.

하지만 누가 더 무지합니까?
암호화폐의 원리를 모르는 사람이 무지합니까?
아니면 암호화폐를 보고도 경이로워하지 않는 사람이 더 무지합니까?

이 책은 사회통합을 이끄는
암호화폐의 경이로움을 선물하는 책입니다.

가상의 암호화폐로
암호화폐 이해하기

'이국종코인'이라는 가상의 암호화폐 이야기를 예로 들어
암호화폐가 사회를 어떻게 바꿀 수 있는지 알아본다.

중증외상센터

【요약】 응급의료센터의 상위 개념으로, 교통사고·추락·총상 등으로 치명적인 외상을 입은 응급환자를 전문적으로 치료하는 센터

교통사고·추락 사고 등 일반 응급실에서의 처치 범위를 넘어서는 다 발성 골절·출혈 환자(중증외상환자)를 병원 도착 즉시 응급수술과 치료할 수 있는 시설·장비·인력을 갖춘 외상전용 치료센터를 이른다. 2010년 기 준으로 국내 외상환자 사망률은 35.2퍼센트에 달할 정도로 높지만 일찍 이 응급진료 체계 정비를 서두른 미국, 일본 등은 10~15퍼센트에 불과 하다.

보건복지부는 2011년 10월, 2016년까지 2천억 원을 투자해 중증외 상센터를 전국 16곳 거점병원에 설치할 계획이라고 밝힌 바 있다. 중증 외상센터가 설립되면 전국적으로 총 650개(1개 센터당 40~50개)의 전용 병상이 마련돼 연간 약 2만 명의 중증외상환자 치료가 가능해진다. 의 료진은 전문의 8명과 간호사 15명으로 구성된 의료팀 4개 조가 고정 배 치돼 365일·24시간 교대 근무를 하게 된다. 중증외상센터는 심각한 외 상으로 인해 생명이 위독한 사람이 이용할 수 있는데, 그 이용 대상은

6미터 이상의 건물에서 떨어진 사람, 자동차·오토바이·중장비 사고로 인해 큰 부상을 입은 사람, 총상이나 목·몸통에 자상刺傷을 입은 사람 등이다.

한편, 소말리아 해적에게 총탄을 맞은 아덴만의 영웅 석해균 선장의 치료로 중요성이 높아진 중증외상센터 설립 등을 담은 응급의료법이 2012년 5월 14일 개정(11월 15일부터 시행)됨에 따라 권역(대형)외상센터와 지역외상센터가 지정되고 행정·재정적 지원이 이뤄질 수 있게 되었다. 법안에 따르면 도로교통법 위반에 따라 부과된 과태료의 20퍼센트(약 1600억 원)를 2017년까지 사용해 전국에 16개의 중증외상센터를 건립하게 된다.

출처: 《시사상식사전》(박문각)

민간 영역에서 소외될 수밖에 없는 중증외상센터

귀순병 살린 외상센터…2살 '민건이'는 왜 못 살렸나

"소수에게 일 몰리는 구조…피해자는 힘없는 환자들"

최근 공동경비구역JSA에서 여러 발의 총을 맞고 귀순한 북한 병사의 몸 상태가 진료 이후 호전되면서 중증외상센터에 대한 관심이 높아지고 있다. 하지만 여전히 외상진료 시스템이 자리 잡지 못하면서 인력과 시

이국종 경기남부권역외상센터장이 22일 오전 경기 수원 아주대학교병원 아주홀 브리핑실에서 귀순 북한 병사 병실에 태극기가 걸려 있는 사진을 보여주고 있다.(사진=이한형 기자)

설이 적절한 곳에 투입되지 못하고 있는 현실 앞에 현장 의료진들은 신음하고 있다.

◇ '속 빈 강정'…의사·수술실 없는 외상센터

"사실 여러분은 이 환자에게만 포커스가 맞춰져 있지만, 제가 어젯밤에 출동해서 데리고 온 환자, 저희 의료진들이 사투를 벌이고 있는 그 환자는 생명을 잃을 가능성이 높습니다. 저희에게 지금 그런 환자가 150여명이 있습니다."

"저희 병원에는 전공의가 거의 없습니다. 저희는 전공의가 없습니다. 외과는 비인기 종목입니다. 중증외상센터는 한국에서는 지속 가능성이 없습니다."

　총상을 입은 귀순 병사를 살려낸 아주대 권역외상센터장 이국종 교수는 지난 22일 언론 브리핑에서 이처럼 작심한 듯 격정을 토로했다.

　중증외상센터란 교통사고나 추락·총상 등 치명적인 외상을 입은 응급환자를 신속한 응급수술을 통해 치료하도록 인력과 장비를 갖춘 곳이다.

　우리나라에서는 '아덴만의 여명' 작전에서 크게 다친 석해균 선장이 이 센터에서 치료된 뒤 관심을 모았고, 정부가 2012년부터 2천억 원의 예산을 들여 권역별 설치 지원 사업에 착수했다.

　하지만 전국에 지정을 목표로 한 권역외상센터 17곳 가운데 현재 공식 운영 중인 센터는 9곳에 불과한 상황. 이마저도 막상 환자가 실려 왔을 때 인력이나 시설이 준비되지 못한 경우가 상당하다.

　전담 전문의 필수 인력 기준으로 제시된 20명을 채운 곳은 9곳의 센터 가운데 단 한 곳도 없는 형편이다.

　중증외상 분야가 의사들 사이에서 '기피 대상'으로 꼽히기 때문이다. 외상센터는 특성상 365일, 24시간 당직근무 체제가 유지돼야 하는데 극소수의 인원이 투입되다 보니 격무에 시달리기 일쑤다.

　그렇다고 성과급이 높은 것도 아니고 추후 개인병원 개업도 쉽지 않은 터라 일부에게는 교수 임용을 위해 '거쳐 가는 코스'로 전락해 버렸다. 이처럼 기피와 격무의 악순환은 반복되고 있다.

여기에 병원 입장에서도 외상센터는 환자 회전율이나 수가가 높지 않기 때문에 수익성이 높지 않아 담당 전문의뿐만 아니라 침상, 수술실 등을 다른 분야에 활용하고 있는 형편이다. 물론 모두 불법이다.

이 교수는 지난해 CBS노컷뉴스와의 인터뷰에서 "두개골이나 골반이 다 부서지고 뇌출혈이 터져 나온 중증외상 환자들에게는 응급실만 크게 지어놓아 봐야 소용없다. 전문 외상의사들이 빨리 가서 머리부터 발끝까지 봐야 한다"며 "국제표준 지침에 따르지 않을 거면 외상센터는 운영할 필요가 없다"고 일갈했다.

◇ 이송 거부, 거부, 거부, 거부…사망

실제로 지난해 9월 30일 오후 5시쯤 전북 전주에서 교통사고를 당한 고_故 김민건(당시 2세) 군의 경우 외상센터로 옮겨져 수술대에 오르기까지 무려 7시간이나 걸렸다.

후진하던 견인차에 치여 골반이 골절되고 장기 손상을 입은 김 군은 사고 직후 전북대병원 응급의료센터로 실려 왔다. 하지만 병원 측은 정형외과 전문의를 호출하지도 않은 채 22분 만에 다른 병원으로 이송(전원)하기로 했다.

인근 권역외상센터였던 전남대병원과 국립의료원 등 병원 13곳에서는 해당 전문의가 없다는 등의 이유로 환자를 거부했다. 결국 이날 정오쯤에야 경기 수원에 있는 아주대병원에 도착했을 때 김 군의 심장은 이미 멈춰 있었다.

응급의료 전용 헬기(닥터헬기)를 갖추지 못한 아주대병원 의료진은 경기소방재난안전대책본부와 중앙119구조대에 지원을 요청하며 발만 동동 구를 수밖에 없었다.

아주대병원이 이보다 2시간 전 처음 이송 요청을 받았던 오토바이 사고 환자는 경기 이천에서 옮겨 와 이미 응급수술까지 시작된 뒤였다. "아주대병원 가까이서 다치면 살고 지방에서 다치면 죽는다"는 자조가 의료계 안팎에서 터져 나왔다.

파문이 일자 보건복지부는 권역외상센터가 예외적인 경우를 제외하고는 다른 병원으로 환자를 쉽게 전원하지 못하도록 하는 대책을 내놨다.

이와 함께 논란이 된 병원들의 센터 지정을 잠시 취소했다 사태가 잠잠해진 뒤 재지정했다. (관련 기사 CBS노컷뉴스 2016. 10. 20 〈전북대병원 권역응급의료센터 지정 취소는 병원이 자초한 것〉 등)

◇ 대책 마련한다지만…"그만둘까 고민"

이 교수의 애끓는 성토 이후 이런 외상센터 문제를 해결해 달라는 청와대 청원이 최근 20만 명을 넘어섰다. 이에 복지부는 뒤늦게 대책을 마련하겠다고 발 벗고 나섰으나 안팎의 불신은 여전한 상황이다.

지방의 한 권역외상센터 관계자는 "닥터헬기 5대를 추가 지원한다는 말이 있던데 차제에 헬기 이송 체계 전반을 정비하지 않는다면 이번에도 돈만 퍼붓고 끝날 것"이라며 "지난해 전원 자체를 막겠다는 어처구니 없는 대책을 내놓은 뒤에도 개선된 건 하나도 없다"고 성토했다.

이어 "복지부가 단순히 민원을 해결하는 식으로 접근하고 병원들이 미친 듯이 돈에만 달려드는 동안 피해 보는 건 결국 힘없는 환자들"이라 며 "자원 배치는 환자들을 중심으로 이뤄져야 하는 것 아니냐"고 한숨을 내쉬었다.

또 다른 외상센터 소속 전문의는 "관련 법이 구체적이지 않아 소수의 의료진에게 일이 몰리고 있는데 복지부는 눈감아 왔다"며 "너무 힘들어서 아예 그만둘까 고민하고 있다"고 털어놨다. 그간의 '땜질 처방'이 현장의 문제를 해결하지 못했다는 얘기다.

이 때문에 근본적으로는 애초 한정된 예산으로 센터 설치를 추진하면서 전국 17곳에서 '지역 나눠 먹기'를 포기하지 않았던 문제가 분출된 게 아니냐는 지적이 나온다. 대책 발표를 준비 중인 정부가 풀어야 할 과제다.

출처: CBS노컷뉴스(2017. 11. 29)

2016년 두 살이던 민건이는 교통사고 후 대학병원 중증외상센터에서 7시간 동안 아무런 치료를 받지 못한 채 사망하고 말았다. 처음에는 의식이 또렷했으나 골든타임을 놓친 민건이는 결국 하늘나라로 갔다.

2017년 11월 북한군 병사 한 명이 총상을 입고 남측으로 귀순했다. 북한군 하전사 오청성이었다. 총알을 7발이나 맞고도 긴급 이송과 긴급 치료를 통해 북한 군인은 살아날 수 있었다.

북한군 병사 관련 기자회견에서 두 사건이 비교되어 반향을 일으켰다. 바로 내가, 우리의 가족, 나의 친구가 민건이처럼 죽을 수도, 귀순 병사처럼 살아날 수도 있다는 것이었다. 사람의 목숨을 운에 맡겨야 하는 상황이라는 점은 가히 충격적이다. 우리가 몰랐던 의료 선진국 한국의 중증외상센터의 민낯이다.

사건 사고가 많은 현대의 삶에서 나와 내 가족은 언제 어디서든 응급외상환자가 될 수 있다. 이국종 교수 등 국내 뜻있는 분들의 노력으로 외상환자와 센터에 대한 관심이 늘어나 한 해 2천억 원 규모의 외상센터 예산이 집행된다. 그러나 현실은 매우 심각하다. 한국 30~40대 사망률 1위가 외상환자다. 외상환자 사망률이 35퍼센트에 달한다. 한 해 160명의 외상환자 중 30만 명이 중증외상환자다. 이 중 3만 명만 응급을 요하는 중증외상환자로 분류되고, 이들 중 1만 명 이상이 안타깝게 목숨을 잃는다. 의료 기술이 부족해서가 아니다. 시스템이 문제다.

외상센터에서는 환자 한 명을 수술 및 치료하는 데 10여 명 이상의 전문 의료진이 매달린다. 따라서 일반 진료나 개별적인 수술을 할 수 없다. 언제 실려 올지 모르는 외상환자를 위해 의료진은 24시간 비상 대기를 해야 한다. 수익 목적의 일반 병원이 중증외상센터를 적극적으로 운영할 수 없는 이유다. 다시 말해 돈이 되지 않는다.

현재 중증외상센터는 지역적으로 배분되어 11개 센터가 개소되어 있다. 그러나 개소 지역이 환자 발생 빈도나 위험 지역, 인구수가 아닌 정치적인 이유로 배분된 것으로 보인다. 우리 지역구에 권역외상센터 하나쯤은 있어야 한다는 주장이다. 그나마 많지 않은 예산이 또 분산된다. 2천억 예산이 11여 개 센터로 나눠지면서 선택과 집중을 할 수 없는 것이다. 긴급이송을 위한 헬기가 센터별 1대도 확보되지 못하고 있다. 심지어 지정된 일부 센터들은 제 기능을 하지 못하고 타 권역 외상센터로 외상환자를 넘기는 경우도 있다. 오죽하면 '아주대병원 근

지정(개소)시기	시·도	권역외상센터
2014. 2	전남	목포한국병원
2014. 7	인천	가천대길병원
2014. 11	충남	단국대병원
2015. 2	강원	원주기독병원
2015. 9	광주	전남대병원
2015. 9	울산	울산대병원
2015. 11	부산	부산대병원
2015. 11	대전	을지대병원
2016. 6	경기남부	아주대병원
2017. 12	충북	충북대병원
2018. 5	경기북부	의정부성모병원
개소 준비 중	경북	안동병원
	대구	경북대병원
	전북	원광대병원
	제주	제주한라병원
	경남	경상대병원
	서울	국립중앙의료원

처에서 다치면 살고, 지방에서 다치면 죽는다'는 자조적인 말이 나오겠는가.

　분산된 예산으로 권역외상센터도 피해를 입는다. 현재 정부 지원을 받는 경우에도 중증외상센터별 연간 50~80여억 원의 손실을 감수해야 한다. 과잉 진료로 오인받아 의료보험 청구를 받지 못하는 경우도 있다.

환자 이송을 위해 의료 헬기를 타야 하는 의료진에게 항공 사고 시 국가에 책임을 묻지 않겠다는 각서를 써야 하는 현실은 우리를 웃프게(웃기기도 슬프기도) 한다.

그 대안으로 외상센터를 국가가 직영하는 방안이 있다. 민간 의료기관에 손실을 강요하지 않고 국가가 직접 운영하는 것이다. 실제 국내에서는 6천억 원 규모의 예산으로 중증외상센터 6곳을 직영으로 운영하려는 움직임이 있었다. 그러나 기재부의 사업 타당성 검토에서 수익성 부족으로 예산 집행 불가 판정을 받아 백지화되었다. 그 대신 센터를 대형병원에 위탁하여 운영하게 된다.

센터가 국가 직영으로 운영될 경우도 문제다. 센터의 운영체계가 관료화될 가능성이 매우 높기 때문이다. 2018년에는 국립서울의료원의 전문의 6명 중 센터장을 제외한 5명이 일괄 퇴직해 타 외상센터로 이직한 사건이 있었다. 호봉제, 성과급 외에 관료화된 시스템을 견디지 못한 것으로 보인다.

공공 영역에서 소외될 수밖에 없는 중증외상센터

외상외과 의사들 집단 사직, 외상센터 빨간불

"비전 안 보인다" 5명 중 4명 중도 퇴사…복지부 중앙외상센터 육성

방안 '무색'

중앙권역외상센터로 지정된 국립중앙의료원의 외상외과 전문의들이 대거 사직하는 비상사태가 발생했다.

27일 의료계에 따르면, 국립중앙의료원 권역외상센터 외상외과 전문의 5명 중 4명이 8월 초 일제히 사직서를 제출하고 중도 퇴직했다.

앞서 보건복지부는 2014년 목포한국병원과 가천대길병원, 단국대병원을 시작으로 올해 5월 의정부성모병원까지 11개 권역외상센터 개소를 완료했다.

외상외과 전문의들 4명의 집단 사직으로 현재 김영환 전문의 혼자 남아 있는 상태다. 여기에 안동병원(경북)과 경북대병원(대구), 원광대병원(전북), 제주한라병원(제주), 경상대병원(경남) 그리고 국립중앙의료원(서울) 등 개소를 준비 중인 병원을 합쳐 총 17개 권역외상센터를 지정한 상태다.

이 중 국립중앙의료원은 서울 지역 유일한 권역외상센터이며, 서울 원지동 신축 이전 이후 전국 권역외상센터를 총괄하는 중앙권역외상센터로 육성한다는 것이 복지부의 일관된 입장이다.

하지만 국립중앙의료원 권역외상센터는 속 빈 강정인 실정이다.

그동안 전국 권역외상센터의 컨트롤 타워인 중앙권역외상센터의 의료진이라는 자부심을 갖고 꿈을 키워온 외상외과 전문의 5명 중 1명을 제외한 4명 모두가 사직서를 던지고 대학병원 권역외상센터 등으로 이동한 것이다.

타 병원으로 이동한 A 외과 전문의는 "중앙권역외상센터 일원으로 국내 외상 체계 기틀을 잡고 외상 사망을 줄이겠다는 사명감은 시간이 갈수록 희석됐다"면서 "외상센터 진료 환경과 여건이 부족한 것은 그렇다 처도 관료 행정 중심인 국립중앙의료원에서 시스템 개선을 기대하기 어렵다"며 사직 이유를 설명했다.

그는 이어 "병원 측에 외상센터 개선 방안을 건의해도 2020년 원지동 이전까지 기다려달라는 답변만 돌아왔다. 사직서를 낸 의사들 모두 비전도 메리트도 없는 국립중앙의료원에 외상외과 전문의로 근무하는 것은 의미가 없다고 판단했다"고 덧붙였다.

국립중앙의료원은 원지동 이전과 함께 중앙권역외상센터로 육성한다는 입장이다.

국립중앙의료원은 긴급 채용 공고를 내고 외상외과 전문의 충원에 돌입한 상태다.

현재 외상센터 이종복 센터장(진료부원장, 비뇨기과)을 제외하면 사실상 김영환 외상외과 전문의 홀로 외상센터를 지키고 있는 셈이다.

의료원의 한 보직자는 "사직서를 낸 외상외과 전문의들을 만류했지만 소용없었다. 9월 중 센터장을 외상외과 전문의로 발령하는 등 소속감과 자부심을 갖도록 준비하고 있다"고 답했다.

더불어 권역외상센터 외과계에 별도 팀 구성도 검토 중이다.

다른 보직자는 "외상센터 기능을 해야 하기 때문에 외과계 진료과의 별도 팀을 준비하고 있다. 외상외과 전문의 충원을 위해 의료원 안팎으로 노력 중으로 올해 1명, 내년 1명 기대하고 있다"고 전했다.

그는 "외상 진료 체계가 부족한 것은 일정 부분 인정하나, 호봉제인 의료원 급여 체계에서 외상외과 전문의 성과급 등 우수 인력을 유치하는 노력을 병행했다"며 "복지부와 개선 방안 마련을 위해 논의 중에 있다"고 덧붙였다.

정기현 원장은 "복지부와 외상외과 전문의 공백 관련 대책 회의를 했고, 일정 부분 외상센터 비전과 지원에 대한 약속도 받았다"면서, "의료원 내부 우선순위를 조정해 외상센터의 지속 가능성을 위해 최선을 다하겠다"고 강조했다.

정 원장은 "의료원뿐 아니라 전국 권역외상센터는 현재 과도기로 보여진다"고 전제하고, "정부가 중앙응급센터, 중앙외상센터, 중앙감염병센터 등의 구호가 아닌 국립중앙의료원의 국가중앙병원으로서 역할을 원한다면 더욱 관심을 갖고 지원해야 한다"고 주문했다.

복지부도 당황스러운 분위기다. 친문 인사로 알려진 정기현 원장은 외상외과 전문의 집단 사직의 재발 방지를 위해 대책 마련에 총력을 기울이고 있다고 말했다. 국립중앙의료원을 중앙권역외상센터로 육성한다는 복지부의 호언장담이 무안해진 셈이다.

응급의료과(과장 박재찬) 관계자는 "얼마 전 국립중앙의료원과 외상외과 의사들 사직서 제출 관련 대책 회의를 했다. 의료원은 외상외과 의사들의 지속적인 근무를 위해 인센티브 등 뚜렷한 대책이 필요하다는 위기감이 있다"면서 "국립공공의대 설립 후 교수직 정원 배정을 포함한 여러 방안을 고민 중으로 아직 이렇다 할 확실한 대안은 없다"고 토로 했다.

권역외상센터 지정 관련 규정에 전문의 사직 등 의료 인력 공백 발생 시 충원 기간은 없지만 통상적으로 61일 안에 충원해야 한다. 이를 어길 경우 권역외상센터 지정 취소도 가능하다.

복지부 관계자는 "국립중앙의료원은 중앙권역외상센터 지정이라는 특수성을 감안할 때 전문의 충원 기한을 넘길 경우 권역외상센터 취소 여부를 어떻게 적용할지 고민된다"고 밝혔다.

출처 : 메디컬타임즈(2018. 8. 28)

그렇다면 예산을 2배 늘리는 것 외에 해결책이 없을까? 예산을 4천억 원으로 늘린다면 근본적인 해결책이 될까? 금융 시스템에 의해 설계된 민간 의료기관과 관료 시스템에 의해 설계된 국가 의료기관 모두 대안이 될 수 있을까? 현재 의료 시스템으로는 만성적인 적자와 과잉 진료 등 감사 위험성을 감당할 의료기관은 없어 보인다. 외상센터는 공공 영역과 민간 영역이 감당하지 못하는 회색지대인 사회통합 영역에 위치해 있다. 병원의 수익성과 환자 관리의 효율성이 떨어진다는 것이다. 언제 발생할지 모르는 연간 3만 명 내외의 응급외상환자를 위해 예산을 쏟아붓기에는 공공성과 공평성에도 문제가 있다. 국가와 사립병원 양쪽 모두를 탓하기 어려운 이유다.

이제 사회통합을 위한 희망의 등불을 켜보자. 병원도 국가도 원망하지 말자. 언제 발생할지 모르는 사고로부터 나와 가족의 생명을 우리 스스로 지키자. 그 대안이 바로 일명 '이국종코인'이다.

민간과 공공 의료의 공백을 해결할 이국종코인(가칭)

* 코인명은 '이국종 법안'과 같은 상징적 의미로 우리의 생명을 구할 수 있는 응급외상센터 설립·운영이라는 사회적 노력을 위해 발행하고자 하는 취지에서 이해를 돕기 위한 가상의 이름이다.

민간이 주도하는 중증외상센터를 설립, 운영하기 위해 비영리재단인 '응급외상센터크립토재단'이 설립된다. 총 6년간 총 600만 개의 코인을 발행한다. 코인의 발모금(코인 판매)에는 연간 100만 명씩 참여한다. 청와대 청원이 27만 명이었다는 점을 감안하면 충분히 참여 가능성 있는 인원이다. 모금에 참여한 100만 명은 12회에 걸쳐 월 1만 원씩 기부하

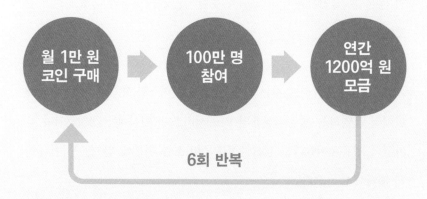

고 코인을 받는다. 연간 1200억 원의 자금이 모금된다. 한국의 IMF 시절 금 모으기 운동과 유사하다.

연간 기부금(코인 판매금액) 1200억 원을 모금한 재단은 순차적으로 중증외상센터를 설립·운영한다. (국내 보험사의 당기순이익이 연간 20조 원에 달한다. 월 1만 원짜리 운전자보험을 500만 명이 가입하면 연 50억 원이 된다. '대체 보험사들의 수익은 누가 가져가는 것일까? 외상센터는 보험사에서 운영해야 하는 것이 사회적 책임이 아닌가' 하고 따지고 싶지만, 금융의 본질이 주주의 이익을 우선으로 하는 것이니 괄호로만 항의의 표시를 한다.)

1천억 원 규모의 시설 투자와 200억 원 규모의 손실 보전을 목적으로 국제적 요건에 맞는 의료 인력으로 운영한다. 수익을 추구하는 민간 의료기관과는 다른 목표와 운영 방식이 가능하기 때문이다. 의료보험료 청구 및 항공법이나 기타 문제로 국가가 운영하는 닥터헬기를 제외한 일체의 정부 지원을 받지 않는다. 따라서 과잉 진료의 책임을 스스로 조절하며, 정치적인 이유로 센터의 입지를 정하지도 않는다. 코인에 참여하지 않은 온 국민이 센터의 혜택을 누릴 수 있는 '누림의 경제'를 이루는 모델이다.

코인을 보유한 기부자는 다양한 우대 서비스를 받는다. 바로 코인재단에서 운영하는 중증외상센터 VIP 서비스다. 이전에는 정치인이나 부자들의 전유물이었다면 센터의 VIP 서비스는 기부에 참여한 사람들에게 혜택이 돌아온다.

코인재단은 코인 보유자 (기부 참여자)들에게 혜택이 가도록 일반 기업의 CSR(기업의 사회적 책임) 활동을 연계한다. 여행자보험의 무료 가입, 독감 예방주사 할인 등 의료 연계 서비스부터 대기업 아이스크림을 할인하여 구매할 수도 있다. 통신료, 영화관, 항공료, 여행상품, 문화상품, 화장품도 할인된 가격으로 이용할 수 있도록 재단은 다양한 기업들의 CSR 활동과의 연계에 힘쓸 것이다. 기부 참여자들이 여러 혜택을 누릴 수 있도록 말이다.

이국종코인 발행 계획

연차	모금액	사용 분야
1년차	1200억	1센터 시설 및 운영
2년차	1200억	2센터 시설 및 운영
3년차	1200억	3센터 시설 및 운영
4년차	1200억	4센터 시설 및 운영
5년차	1200억	5센터 시설 및 운영
6년차	1200억	6센터 시설 및 운영
계	7200억	총 6개 센터 운영

이러한 유형의 코인은 정부 예산(공공 영역)과 민간 수익(민간 영역)이 모두 감당할 수 없는 사회적 공백 영역(사회통합 영역)을 해결할 수 있다. 모든 사람이 혜택을 누릴 수 있는 비경제적, 비수익적 사회공헌 활동이다. 이것이 크립토가 사회를 변화시킬 수 있는 힘이다. 따라서 이국종코인은 꼭 발행해야 하고, 꼭 성공해야 한다. 우리의 미래를 위해서도 말이다.

4차 산업혁명 시대, 인터넷으로 세상이 하나가 되었다. 디지털혁명은 자동차를 로봇에 가깝게 바꾸고 있으며, 무인 전동기차가 승객을 나르기 시작했다. 항공사 회장이 자동항법장치와 이착륙유도장치로 인해 비행기 조종사들이 하는 일 없이 월급만 축내고 있다고 말할 정도로 기술이 발전했다. 인간의 수명은 120세를 바라보고 있으며, 향후 생명과학의 발전은 신의 영역에 도전하는 것으로 비쳐질 정도다.

4차 산업혁명은 우리의 미래를 첨단 스마트라이프로 바꾸고 있다. 자율주행자동차, 스마트ICT, 스마트시티와 시민 한 명이 하루 수백 회 이상 노출될 수 있을 정도의 드론택배, 원격 의료 진단 및 치료, 방사선 없이도 엑스레이와 같은 사진을 찍어 즉석에서 판별할 수 있는 진단기 등이 이미 사용되고 있거나 시도되고 있다.

미량의 먼지도 잡아내는 공기청정기, 지구온난화에 걸맞은 에어컨과 온풍기, 실내 곰팡이를 조절하는 가습기와 장마철에 요긴한 빨래건조기, 엄청난 양의 음식을 저장할 수 있는 대형 냉장고와 먼지털이 에어워시 기능까지 가능한 드럼세탁기, 의류관리 스타일러, 전동칫솔, 냉난방 매트, 홍채/지문 인식 도어락, AI 기능이 장착된 유아용 로봇, CC카메라, 엄청난 속도와 저장 용량을 자랑하는 데스크톱 PC와 노트북, 노트패드, 휴대전화기, 인공지능 스피커 등 셀 수 없이 많은 디지털 기술은 이미 우리 생활 깊숙이 들어와 있다.

멀기만 한 디지털 혜택

그렇다면 디지털 기술의 발전으로 우리 삶의 질은 나아지고 있는가? 지금 우리는 이 많은 디지털 혜택을 얼마나 누리고 있는가? 우리는 이로 인해 행복한 삶을 살고 있는가? 미래에 대한 상상은 하면서도 당장의 혜택은 누리지 못하고 있음을 인정하게 된다. 그럼 왜 이러한 괴리가 발생하는 것일까?

디지털 기술의 발달로 정보가 수집되고 저장되는 데 문제가 발생한다. 데이터를 보유한 이가 권력을 쥐고, 이 권력에 도전하는 해커 집단이 기승을 부린다. 일반 소비자들은 자기들이 어디에 가고, 무엇을 좋아하며, 어떤 것을 먹고 있는지를 송두리째 보여준다. 내 생활 패턴에 맞는 광고만을 보면서 소비할 수밖에 없는 구조에 노출되었다.

디지털 기술은 세계를 연결한다. 디지털 네트워크 통신기술로 전 세계의 시장이 실시간 서로 영향을 미친다. 환율이 10퍼센트 하락하면 SK 하이닉스는 6900억 원의 손실을 입는다. 연봉이 6천만 원인 근로자 1만 1500명의 1년치 연봉이 한순간에 날아가는 것이다. 힘없는 국가는 열심히 수출을 한다 해도 노동의 대가가 손실될 수 있다. 금융을 활용한 정정당당하지 못한 경제 전쟁이다.

날아간 반값 한우의 꿈

금융의 눈부신 성과도 주목할 만하다. 글로벌 시장을 대상으로 한다고 보기 어려운 한국의 모 금융그룹의 2017년 당기순이익은 3조 원에 달한다. 서민과 기업의 주머니에서 나온 수수료이며, 대출이자로 벌어들인 수익이다. 순이익 규모가 글로벌 기업 현대자동차의 당기순이익과 맞먹는다.

2007년 한우펀드를 설계하여 모 증권사에서 운영한 경험이 있다. 한우 원가의 대부분을 차지하는 '송아지와 사료 구입비'를 공동 구매함으로써 원가 절감이 가능하다. 한우펀드는 높은 수익률로 보답했다. 그러나 반값 한우는 서민의 식탁에 오르지 못한다. 펀드 운영 규약상 목표 수익을 초과하는 수익은 투자자와 운영사의 몫이 된다. 반값 한우를 목표로 사육된 한우는 시장에서 동일한 가격에 팔리고, 금융회사의 배만 불린다.

부동산 거품과 통제되지 않았던 파생금융 상품으로 촉발된 2008년 리먼브라더스 사태로 전 세계적인 금융위기가 찾아왔다. 역사적으로 전쟁이나 석유파동 등으로 인한 경제위기는 있었다. 그렇다면 왜 리먼브라더스 사태를 경제위기가 아닌 금융위기라고 부르는 것일까? 실물경제와 상관없는 금융 시스템의 불안전성으로 인한 위기였기 때문이다.

금융 시스템의 불안전성은 금융의 탐욕에서 나온다. 금융의 탐욕은 다양한 파생상품과 부동산 거품을 초래하였을 뿐 아니라 기업에 원가 상승의 빌미를 제공한다. 악성 재고 비용, R&D 투자 비용, 홍보광고 비용, 자본조달 이자, 유통 비용, 물류 비용, 주주 이익, 스톡옵션, 현금흐름 불확실성 비용 등은 원가와는 직접적인 관련이 없는 영업외 비용들이다. 금융 거품 비용으로 볼 수 있는 이 비용들이 판매가에 녹아들면서 소비자는 높은 가격을 지불한다. 소비자가의 70퍼센트가 금융 거품 원가로 구성되어 있는 셈이다. (탐욕스러운 금융은 금융인들이 아닌 탐욕이 통제되지 않는 현 금융 시스템을 말한다.)

탈금융을 위한 노력

우리는 뭔가 잘못되고 있음을 직감했다. 간접금융 비용이 원가보다

3배 높다니? 이를 극복하기 위한 노력이 펼쳐진다. 금융위기가 발발한 2008년, 나눔을 바탕으로 하는 '공유경제' 개념이 혜성처럼 나타나 종교에 가까운 맹신으로 널리 퍼졌다. 공동구매, 해외직구, 아나바다운동, 기업가정신 고취, 사회적 기업, 기부운동 등의 사회활동을 통해 나눔을 확대했다. 수많은 기업들이 공익재단을 세우고, 수천 명의 종업원들을 해고하면서 회사를 키워온 이들이 재단 이사장이 되어 영웅 대접을 받는다. 기업은 기업홍보 광고인지 봉사활동인지 모를 CSR(기업의 사회적 책임) 활동에 힘을 쏟는다. 공유경제를 이루기 위해 또는 공유경제 트렌드에 발맞추기 위한 지속적인 노력들이다.

그러나 공유경제의 기반인 나눔의 철학은 죽어가는 금융자본주의의 생명을 일시 연장한 미봉책에 불과했다. 금융의 폐해를 솔직히 인정하지 못하고, 오히려 탐욕을 스스로 정제할 수 있는 혁신의 기회를 놓치게 된 것이다. 금융자본주의의 폐단을 인정하기보다 공유경제의 철학인 '나눔의 미학'으로 포장했다. 나눔의 철학은 금융자본주의 폐해의 원인을 제공한 금융과 타협했다. 한국의 '개처럼 벌어 정승처럼 쓴다'라는 속담은 '나눔의 철학'을 비꼰 말이다. 정승처럼 쓴다고 한다면 부의 축적 과정에서 빚어지는 불공정성과 불투명성은 눈감아 준다. 탐욕적 금융으로 얻은 부를 사회에 환원한다며 존경의 대상으로 미화된다. 그들의 일부는 아너소사이어티(한국에서 1억 원 이상 기부한 이들이 가입하는 단체 이름)에 가입하고, 공익재단을 만들고, 학교를 설립한다.

부자 돈 빼돌려 빈곤층 도운 伊 은행 지점장, 징역 모면

7년간 약 13억 원 빼돌렸지만 자신 위해서는 한 푼도 착복 안 해

국민들 "현대판 로빈 후드" 영웅시…언론도 연대감 표시

"예금보호 못지않게 도움 필요한 빈곤층 돕는 것도 은행의 중요한
책무"

지난 7년간 부호들의 계좌에서 약 100만 유로(약 13억 원)의 예금을
빼돌려 신용이 없어 대출을 받기 힘든 가난한 사람들의 계좌에 몰래 입
금해 대출을 받을 수 있도록 도와준 이탈리아의 한 은행 지점장이 징역
형을 면제받았다고 영국 BBC 방송이 4일 보도했다.

인구 1천 명이 조금 넘는 이탈리아의 작은 마을 포르니 디 소프라에
있는 은행 지점장 길베르토 바시에라는 이러한 범행으로 징역 2년에 집
행유예를 선고받아 교도소행을 모면했다.

바시에라가 거액의 돈을 빼돌린 것은 사실이지만 자신을 위해서는
단 한 푼도 착복하지 않은 데다 그가 지금까지 아무 범죄도 저지른 적
이 없다는 점도 집행유예 선고에 도움이 됐다.

바시에라가 처음 부호들의 돈을 빼돌리기 시작한 것은 세계 금융위
기가 닥쳤던 지난 2009년. 그는 은행에 대출을 신청하러 온 한 사람이
신용이 부족해 대출을 받을 자격이 안 되자 부자들의 계좌에서 조금씩
돈을 빼돌려 이 사람의 계좌에 입금해 줌으로써 대출을 받을 수 있는

자격을 만들어주었다.

대출을 받은 사람은 바시에라에게 고마움을 표하며 나중에 바시에라가 자신의 계좌에 몰래 입금한 돈을 모두 갚았다. 바시에라는 이러한 방법으로 7년간 많은 가난한 사람들을 도왔다. 많은 사람들이 바시에라가 자신의 계좌에 입금한 돈을 갚았지만 일부는 그러지 않았다.

빼돌린 돈이 100만 유로에 육박하면서 바시에라의 범행은 더 이상 계속될 수 없게 됐고 결국 들통나고 말았다.

바시에라는 "고객들의 예금을 보호하는 것도 은행의 중요한 책무이지만 도움이 필요한 사람들을 돕는 것도 그에 못지않게 중요한 일이라고 생각했다"고 말했다.

징역형은 모면했지만 이로 인해 집과 직장을 잃은 바시에라는 "도움받은 사람들이 돈을 갚을 것으로 생각했지만 그러지 않은 사람들도 있었다. 이 같은 일은 두 번 다시는 하지 못할 것"이라고 말했다.

바시에라는 자신의 범행이 드러난 뒤 돈을 빼돌린 고객들에게 일일이 전화를 걸어 자신의 행동에 대해 사죄했다고 이탈리아 언론들은 전했다.

그의 행동은 분명한 범죄 행위이지만 이탈리아 국민과 언론들은 그의 행동에 연대감을 표하기도 했다. 많은 사람들이 바시에라에 대해 '현대판 로빈 후드'라고 영웅시하며 칭송했고 일부 언론에서 바시에라의 행동이 삶을 바꿀 수 있을 것이라고 말하기도 했다.

바시에라는 "현재의 금융 시스템은 가난한 사람들의 필요를 충족하지 못하고 있다. 고객의 필요는 고려하지 않은 채 컴퓨터만을 통해 대출 여부를 결정한다"고 비판했다.

출처 : 뉴시스

　결국 금융위기를 초래했던 탐욕스러운 금융은 근본적인 수술을 받지 못하고 공유경제라는 장치를 통해 생명을 연장하게 된다. 부자들의 뒤에 숨어서 말이다. 두 번의 금융위기에서도 '리먼브라더스'라는 희생양 외에 아무것도 바뀌지 않은 월스트리트가 아직도 건재한 이유다. 지금도 수많은 부자들과 월가의 성공한 금융인들은 복잡한 금융상품과 투자상품들을 생산해 내고 있다. 수단과 방법을 가리지 않고 주주와 투자자, 기업의 이익을 우선시하여 돈을 벌고, 평생 쓸 돈을 벌어놓은 다음에는 공익재단 설립과 재산 일부의 기부라는 선행을 통해 나눔을 실천하는 모순된 사회를 만들고 있다.

　탐욕스러운 금융자본주의의 생명을 연장해 준 장본인은 바로 우리다. 우리도 언젠가 저들처럼 부자가 될 수 있다는 희망 고문에 빠져서 말이다. 나눔의 철학을 기반으로 한 공유경제는 이 희망 고문에 이론적 명분을 제시한다. 나도 돈 많이 벌면 좋은 일 하겠다는 기도는 아마도 교회에서 가장 많이 하는 서약 중 하나일 정도다. 우리는 언젠가 열심히 살면 성공할 수 있다고 세뇌당하면서 살아왔다. 성공한 이들의 전기를 읽으면서 부자들의 습관을 연구하기도 했다. 이러한 우리의 욕심이 눈을 멀게 하고 공유경제라는 비정상적인 시스템을 탄생시켰다.

공유경제는 몰락해야 한다. 공유경제는 분배의 형평성에 중심을 두는 경제 시스템이다. 공유경제의 기본 철학이 나눔이므로 벌어들인 돈을 어떻게 나눌 것인가에 관심 있을 뿐 어떻게 벌었는가에 대한 관심은 적을 수밖에 없다. 봉사단체가 기부를 많이 받으려면 기부자들에게 잘 보여야 한다. 그들이 어떻게 돈을 벌어들였는지는 중요하지 않다. 나눔을 위해 부의 축적 수단이 무시되는 점은 공유경제의 한계다. 이것은 수단과 방법을 가리지 않는 탐욕적 금융이 아직도 건재한 이유다. 결국 '공유경제란 탐욕으로 얻은 소득 중 일부를 사회에 환원하는 경제'로 오염된다. 그러나 그 속에는 다음과 같은 논리가 숨어 있다.

"수단과 방법을 가리지 말고 효율성과 수익을 우선시해서 돈을 벌어라."

"그 과정에서 부상되는 빈부 격차, 범죄 확대, 개도국의 몰락, 환경오염 등의 사회문제는 벌어들인 수익의 일부를 그들에게 다시 나눠 주면 된다."

"CSR(기업의 사회적 책임), 기부, 공익재단, 학교 설립 등 얼마나 존경받으면서 많은 일을 할 수 있는가?"

"그러니 수단과 방법을 가리지 말고 돈을 벌어라."

공유경제는 이러한 금융만능주의에 오염될 수 있는 요소가 충분히 많음을 명심해야 한다. '나눔'은 가진 자의 이데올로기이기 때문이다. 공유경제가 노선을 변경해야 하는 이유다.

　이러한 비합리적인 약점을 극복하고, 새로운 금융경제 시스템에 주목한 이들이 있었다. 그들은 사회적으로 적용 가능한 합리적인 대안을 제시한다. 한 사람이 설계하는 것이 아니라 시간이 갈수록 많은 이들이 완성된 설계를 위해 노력하고 참여하고 있다. 다양한 분야의 전문가들이 침몰하는 공유경제의 원인을 정확히 분석한다. 그들은 제 역할을 다하도록 사회 혁신을 요구한다. 먼저 시스템 혁신이 필요하다. 통신 네트워크에서 '분산화'와 '탈금융화' 그리고 '누림의 경제'라는 크립토의 본질을 이해하기 시작한 이들을 '크립토이코노미스트Crypto Economist'라고 부른다.

공포영화보다 더 무서운
금융 이야기

인간의 욕심에 불을 지핀 자본주의는
금융이라는 화수분을 만나 꽃이 만개한다.
그러나 꽃이 피는 과정에 공포영화보다 더 공포스러운 이야기가 펼쳐지고 있다.
우리는 아무리 노력해도 성공할 수 없다는 것!
우리는 그들의 허수아비이며, 우리가 번 돈을 모두 그들에게 되돌려주고 있다는 것!
이보다 비참하고 공포스러운 이야기가 또 있을까?

말 못 했던 금융 뒷담화

어릴 적 읽었던 전래동화 〈흥부와 놀부〉를 떠올려보자. 맏형인 놀부는 부모의 재산을 독식하고도 능력 밖으로 자녀가 많은 동생 '흥부'를 돕기는커녕 매몰차게 대한다. 착한 흥부는 다리를 다친 참새를 구해 준 대가로 금은보화를 선물받아 부자가 된다. 욕심 많은 놀부는 이미 많은 재산을 가지고 있으면서도 흥부를 따라 하다 천벌을 받는 것으로 이야기가 끝난다. 다음은 놀부의 심술을 보여주는 대목이다.

우는 아이 쥐어박기
호박에 말뚝 박기
이웃집 장독 깨기
장님 지팡이 뺏어 도망가기
비 오는 날 장독 열기

놀부의 심술을 현대 금융의 행태에 빗대어 보자.

10년 거래처라도 힘들어지면 대출 긴급 회수하기

대출 중도 상환하면 박수 대신 패널티 물리기

담보 없이 돈 안 빌려주기

서민에게 돈 꿔주고 대신 이자로 배불리기

은행 수수료로 매년 10조 벌기

금융상품 만들어 판매하고 문제되면 책임지지 않기

보험 들 때 굽실거리다, 보험 청구하면 소송하기

카드 할부 구매만 해도 신용 낮춰 대출이자 올리기

여기서 입은 손실, 저기서 빼앗아 평균수익률 맞추기

수수료 300원에 목숨 걸기

받을 돈 빨리 회수하고, 고객이 찾아갈 돈 모르는 척하기

자금 필요 없는 기업에 억지로 대출해 주고 안전하게 이자 챙기기

가히 놀부 심보 못지않다. 이제부터 우리가 몰랐던 금융에 대해 이야기해 보자.

날아간 반값 한우의 꿈

2007년 실물자산 펀드인 한우펀드 설계에 참여하게 된다. 한우의 생산 원가는 사료 구입비 40퍼센트, 송아지 구입비 40퍼센트, 기타 부대비용이 20퍼센트로 구성된다. 따라서 사료와 송아지 구입비를 절감하면 반값에 한우를 생산할 수 있다.

사료의 대부분을 차지하는 옥수수 수입가는 전체 사료비의 30퍼센트에 불과하다. 나머지는 포장, 물류, 재고 및 회수 등의 금융비용이다. 특히 사료비는 회수 기간이 불명확하다. 언제 받을지 모르는 구조다. 한우펀드는 이 점에 주목한다. 암소한우를 사육해서 송아지를 직접 출산하면 송아지 구입 원가가 70퍼센트 줄어든다. 사료업체와 고정 계약 및 2년치 사료비의 현금 선결제로 사료 원가도 50퍼센트 이상 낮추는 것을 목표로 하고 있다. 이후 한우펀드는 7호 펀드까지 성공적으로 마친다. 목표 수익률을 초과했고, 전염병의 영향도 크게 받지 않는다. 전염병 이후 오히려 송아지나 생육 가격의 폭등으로 이익을 보기도 한다.

그러나 반값 한우로 서민들의 식탁 부담을 줄이고자 하는 목표는 달성하지 못한다. 금융의 효율성을 통해 한우의 원가를 절감했을지라도 그 혜택은 서민들에게 돌아갈 수 없다. 펀드 규약상 초과 수익의 70퍼센트는 투자자, 30퍼센트는 펀드 운영기관의 몫이다. 절반의 성공, 절반의 실패인 셈이다.

'한우펀드'의 성공과 '반값 한우'의 실패는 금융의 사회적 기여의 한계성을 상징적으로 보여준다.

현대차 vs KB금융그룹

2017년 현대차는 3조 원의 당기순이익을 냈다. 6만 명의 인력을 직접 고용하고 있고, 한국 내 5개 완성차 업계는 협력사를 포함해 177만 명의 일자리를 만들고 있다.

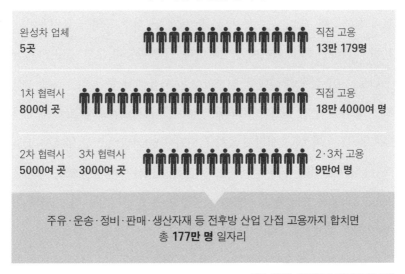

국내 자동차 산업 생태계

완성차 업체 5곳	직접 고용 13만 179명
1차 협력사 800여 곳	직접 고용 18만 4000여 명
2차 협력사 5000여 곳 / 3차 협력사 3000여 곳	2·3차 고용 9만여 명

주유·운송·정비·판매·생산자재 등 전후방 산업 간접 고용까지 합치면
총 177만 명 일자리

자료: 현대차·한국자동차산업협동조합·업계

1차 협력업체 '화신' 영업 실적

	매출	영업이익
17년 1분기	2994억 원	20억 원
18년 1분기	2405억 원	-170억 원

2차 협력업체 E社 영업 실적

	매출	영업이익
16년	983억 원	34.3억 원
17년	832억 원	-8.4억 원

자료: 금융감독원

반면 KB금융그룹은 당기순이익이 4조 원에 이른다. 1만 5천 명의 인력을 직접 고용하고 있다. 국내 은행권 당기순이익을 모두 합하면 20조 원이 넘는다. 국내 보험업계도 2017년 당기순이익이 20조 원에 달한다. 금융권의 연간 당기순이익이 40조 원이라니 엄청난 성과다. 그런데 안타깝게도 국내 은행과 보험업계가 글로벌 시장을 겨냥하고 있는

기업이 아니다. 결국 서민의 지갑에서 나간 돈, 국내 기업에게서 벌어들인 돈이 연간 40조 원이라는 뜻이다. 그것도 매출이 아닌 당기순이익이다. 국내 은행들은 최근 4년간 수수료로 27조 원을 벌었다. 보험·카드사 수수료까지 합치면 60조 원이다. 오죽하면 국회의원이 나서서 수수료가 합리적인지 따져봐야 한다고 불만을 제기할 정도다. 열심히 기술을 개발하고, 고용을 창출하는 제조 기업들이 허탈해하는 이유다.

은행 당기순이익 8조 4천억 원…이자이익 20조 원 육박

은행의 상반기 당기순이익이 8조 4천억 원에 달해 전년 동기 대비 3천억 원(4.0%) 늘었다. 16일 금융감독원이 발표한 '국내 은행의 2018년 상반기 중 영업실적(잠정)'을 보면 국내 은행(시중·지방·특수·인터넷은행)의 당기순이익은 8조 4천억 원으로 지난해 같은 기간(8조 1천억 원)에 비해 4%(3천억 원) 증가했다.

실적 내용을 보면 이자이익이 19조 7천억 원으로 같은 기간 1조 7천억 원(9.5%) 늘었다. 대출채권 등 운용자산이 6.0% 늘고 예대금리 차로 순이자 마진NIM(1.67%)이 0.06%p 올라간 것이 영향을 끼쳤다. 대손비용(1조 원)은 신규 부실은 줄고 부실채권을 정리해 1조 7천억 원(-61.8%) 줄었다.

반면 비이자이익은 3조 원으로 전년 동기(4조 6천억 원) 대비 1조 5천억 원(-33.4%) 감소했다. 지난해 상반기 발생한 일회성 주식 매각 이익이 사라지고 IFRS9 시행으로 유가증권 매매 순익이 1조 3천억 원 감소한 탓이다.

환율이 올라 외환·파생 관련 이익(1조 원)은 7천억 원 줄었다. 영업외 손익은 1천억 원으로 4천억 원(-79.3%) 줄었다. 자회사 등 투자 지분 관련 이익이 3천억 원가량 감소한 것이 영향을 끼쳤다.

국내 은행의 총자산순이익률$_{ROA}$은 0.69%, 자기자본순이익률$_{ROE}$은 8.91%로 각각 0.02%p, 0.11%p 하락했다. 실질총자산$_{평잔}$은 2437조 7천억 원으로 5.7%, 자기자본$_{평잔}$은 190조 원으로 5.3% 증가했다.

출처 : 〈경향신문〉(2018. 8. 16)

탈금융을 위한 우리의 노력

우리는 항상 성공하기 위해 노력한다. 가정의 평화와 자녀의 행복을 위해, 여유로운 삶을 즐기기 위해 부를 축적하고자 최선을 다해 절약하고, 저축하고, 만약을 위해 보험을 들고, 부동산에 투자한다. 할인 쿠폰이나 공동구매, 심지어 해외직구를 통해 가계 지출을 줄이고자 노력한다. 한꺼번에 많은 돈을 벌기 위해 주식이나 투기, 벤처 투자도 한다. 경제사회의 구성원으로서 우리의 노력들이 모여 국가와 사회가 유지된다.

그런데 성공을 위한 이러한 노력들은 '탈금융을 위한 몸부림'이다. 왜

냐하면 대부분 금융비용을 줄이면 해결되기 때문이다. 우리도 모르게 우리가 얼마나 성공을 위해 금융과 싸워왔는지 살펴보자.

실물경제와 금융의 이업종 교배

산업혁명이 진정한 꽃을 피우게 된 것은 실물경제와 금융의 만남이었다. 금융은 달러(기축통화)라는 강력한 무기를 앞세워 세계 경제를 석권했다. 그 뒤에는 미국, 더 나아가 월스트리트가 있다. 다양한 금융상품과 대규모 자본 투자를 통해 실물경제가 활성화되었다. 금융과 금융 투자자들의 결단이 없었다면 대규모 공장이 지어지지 못했을 것이다. 개인의 재산만으로는 불가능한 대규모 공장 설립이 금융자금 조달을 통해 가능해졌다. 금융의 힘으로 기업의 성공은 국가의 성공으로 확대되었다.

실물경제와 금융이라는 이업종의 만남이 혁명적인 경제발전을 이끌었다. 둘의 화학적 교배는 미래를 위한 도약이자, 꿈을 실현할 수 있다는 희망을 제시했다. 수많은 과학자들과 비즈니스 플래너들이 자신들의 기술과 사업 아이템이 금융과 만나면서 펼쳐질 미래를 꿈꾸며 성공에 도전했다.

생활 속의 금융

보험, 저축, 투자상품, 펀드, 신용카드, 대출, PF$_{Project Finance}$, 리스, 렌탈, 상조, 퇴직연금 등을 소비자 금융이라 한다. 그러나 금융은 우리가 알고 있는 이상으로 우리 삶 속 깊이 들어와 있다. 재고 비용, 구매력 상실 비용, 자금회수 리스크, R&D 투입 비용, 시설투자 비용, 유통물류 비용 등은 기업금융 비용으로 전환되어 판매가와 제조원가에 반영된다. 결국 기업이 지출하는 금융비용은 소비자의 몫이다.

기업은 자신이 만든 상품이 얼마나 팔릴지 예측하기 어렵다. 따라서 팔다 남은 악성 재고에 대한 손실을 차기 제품이나 다른 제품에 녹여 기업의 생존을 유지하려 한다. 기업 마케팅 실패의 책임을 아이러니하게도 소비자가 지게 된다.

100만 대를 구매하면 3달러에 구매할 수 있는 부품을 3천 개 단위로 주문함으로써 15달러에 구매하게 된다. 기업의 구매력 부족에 대한 비용도 소비자가 물고 있다. 더불어 예측이 어려운 기업의 리스크 관리비용도 원가에 반영되어 판매가에 포함된다. 기업의 리스크가 소비자의 몫이란 얘기다.

사료 가격의 비밀! 금융비용

한우 한 마리가 2년간 먹는 사료 가격이 400만 원가량 된다. 그러나 대부분을 차지하는 옥수수의 수입 원가를 따져보면 100만 원 이하다. 나머지는 포장비, 추가 재료비, R&D 비용, 기업이익 및 간접비, 물류유통비, 영업비용과 자금 회수에 대한 불확실성이 반영된 비용이다.

금융비용으로 인해 사료 납품가는 원가 대비 300퍼센트 이상 상승

한다.

오늘 납품한 사료비는 내년 추석이나 다음 해 설 이후에나 회수할 수 있다. 축산농가는 소의 출하 시점에 맞춰 사료비를 지출하기 때문이다. 결국 자금 회수에 길게는 2년이 걸리므로 사료 공급 기업은 그만큼의 이자비용을 사료 가격에 포함한다. 법정 이자율로만 48퍼센트가 증가한 셈이다.

2009년 8호 한우펀드를 기획했다. 당시 국내 2위 규모의 사료 업체와 한우 2000두의 사료 공급 협약을 맺었다. 2년치 사료 비용을 일시불 현금 선지급하는 조건으로 펀드는 사료비의 40퍼센트를 할인받았다. 자금을 먼저 모아놓은 펀드이기에 가능한 할인이었다. 금융비용을 줄임으로써 생산 원가를 줄이려는 우리의 노력이었던 것이다.

R&D 투입비도 같은 맥락이다. R&D 비용으로 300억 원이 투입된 휴대폰이 1천만 대 팔린다면 제품당 R&D 원가는 300원이다. 그러나 기업은 1천만 대를 팔 수 있다는 확신이 없다. 항상 최악의 판매 기준안에서 투입된 비용을 회수하려 한다. 최악의 판매 수량인 10만 대로 R&D 원가를 회수하려 한다. 결국 신제품에 책정된 소비자가격에 R&D 원가 3만 원이 포함된다. 이후 제품이 1천만 대 팔린다 해도 소비자가격에서 R&D 원가 반영분 3만 원은 300원으로 내려가지 않는다. 기업만 3천억 원 규모의 추가 수익을 얻게 될 뿐이다. 구매한 고객은 내지 않아

도 될 2만 9천 700원의 손실을 입게 된다.

기계 설비나 공장 등 시설투자비는 금융으로부터 조달한다. 조달 비용에 대한 대출이자는 재고 비용, R&D 투입 비용 등과 섞여 원가에 반영되어 소비자가격이 상승한다. 기계와 공장이 이미 있다면 소비자가 부담하지 않아도 될 비용이다.

심지어 투자 리스크나 투자손실 비용까지 고객에게 전가하는 경우가 있다. 오너의 판단 실수로 해외 투자에서 손실을 입은 기업은 그 손실분을 다른 제품의 원가에 반영함으로써 기업 생존을 유지한다. 경영자의 실수를 소비자가 보전해 주는 셈이다. 규모가 크고 다양한 사업을 하는 기업일수록 더하다. 맥도날드가 커피 프랜차이즈를 인수해서 신사업이 실패한다면 햄버거 가격이 오를 수 있다는 얘기다.

탈금융을 위한 우리의 노력과 실패

공동구매와 직거래

가장 많은 탈금융의 노력은 공동구매다. 물품을 필요로 하는 이들이 공동으로 제품을 구매함으로써 제조, 물류, 광고, 재고 등 금융비용을 최소화하는 것이다. 그러나 구매 중개자의 폭리와 신뢰성 부족, 거래의 불안전성이라는 단점이 있다.

최근에는 직거래(해외직구)를 통한 탈금융의 노력도 눈물겹다. 국내까지 수입되는 과정에서 발생하는 금융비용을 줄이기 위해 해외 온라인 쇼핑몰에서 직접 구매를 하는 것이다. 하지만 거래의 위험성이 있고

구매한 제품의 AS가 어렵다는 단점이 있다. 더구나 온라인 쇼핑을 하는 데 반나절의 시간이 허비되기도 한다.

구독경제Subscription Economy의 노력도 있다. 소유하거나 구매하지 않고, 월 구독료를 내고 물건이나 서비스를 사용하는 시스템이다. 그러나 구독경제는 편리함을 추구하는 것일 뿐 금융비용을 줄이는 시스템이 아니다. 초기 구매 부담이 적은 대신 오히려 금융비용이 추가되는 단점이 있다.

구독경제의 3가지 모델

	넷플릭스 모델	정기배송 모델	정수기 모델
주요 적용 상품	술, 커피, 병원, 헬스클럽, 영화관 관람, 동영상 및 음원 디지털 콘텐츠 등	면도날, 란제리, 생리대, 칫솔, 영양제 등 소모품	자동차, 명품 옷, 가구, 매장 등 고가 제품
이용 방식	월 구독료 납부한 후 매월 무제한 이용	월 구독료 납부한 후 매달 집으로 수차례 배송	월 구독료만 납부하면 품목 바꿔가며 이용 가능
대표 업체	무비패스 (월 9.95달러 내면 매일 영화관 관람 가능)	달러쉐이브클럽 (월 9달러 내면 매달 면도날 4~6개씩 배송)	캐딜락 (월 1800달러 내면 모든 차종 바꿔가며 이용 가능)

출처: 〈머니투데이〉(2018. 8. 2)

직장인 평균 점심값이 7천~8천 원이다. 단체 급식을 하면 30퍼센트 이하로 낮출 수 있다. 학교나 기업은 단체급식을 통해 금융비용을 줄이고 있다. 그러나 메뉴의 선택권과 음식을 먹는 즐거움이 없다. 자칫 관리를 소홀히 하면 단체로 식중독에 걸릴 위험도 있다.

생필품 외에 자주 사용하지 않거나 고가의 제품은 할인 데이를 활용한다. 미국의 블랙프라이데이, 중국에는 광군제 행사가 있다. 2018년 알리바바의 광군제 1일 매출액이 한화 34조 7천억 원을 넘었다. 결국 이 모든 것이 금융비용을 줄이기 위한 우리의 노력이다. 행사 기간이 짧아 밤새 줄을 서거나 전투 태세로 빼앗듯이 제품을 골라 담아야 한다. 어느 누구도 그런 모습이 뉴스의 자료 화면으로 나오길 바라지는 않지만 말이다.

2018년 알리바바의 광군제 1일 매출이 2135억 위안(한화 34조 7천억 원)이었다.

애플리케이션을 통해 해산물을 구매한다. 온라인을 통해 어제 잡은 해산물을 산지에서 직접 받아 식탁에 올린다. 신선도를 담보하고 도소매 유통망을 줄여 금융비용을 줄이려는 노력이다. 그런데도 대부분의 생활비 지출은 수수료가 30~50퍼센트에 달하는 백화점과 홈쇼핑, 대형마트에서 이루어지고 있다.

사회운동

아나바다운동을 기억하는가? '아껴 쓰고, 나눠 쓰고, 바꿔 쓰고, 다시 쓰자'는 절약과 환경보호를 위한 사회운동이었다. 하지만 아나바다운동은 생산 경기를 위축시켜 탈금융의 목적을 이루지는 못한다.

벼룩시장도 탈금융을 위한 노력의 산물이다. 중고품, 잉여자산을 직접 교환하는 것인데, 지금은 크리스마스나 바자회의 일회성 이벤트로 전락해 있다.

유럽의 타임뱅크(공동체 내에서 재능을 서로 기부하되, 기부한 시간을 저축하고, 교환할 수 있는 사회운동)는 현대판 품앗이다. 재능 기부로 알려진 현대판 품앗이도 탈금융을 위한 노력이다. 그러나 복잡한 산업구조로 인해 활성화되지 못하고 있다.

금융투자

다양한 탈금융 노력에 한계를 느낀 이들은 새로운 방법을 모색한다. 바로 금융을 피하지 않고, 금융을 활용해 성공하려는 시도다.

- 주식, 채권 투자
- 저축, 보험
- 벤처 투자

- 배당 투자
- 복권
- 부동산 투자
- 수집품 투자

그러나 어설픈 금융투자는 상처만 남긴다. 주식의 폭락, 부동산 가치 하락, 상장 폐지, 쥐꼬리만 한 이자수익, 쪽박 찬 암호화폐 투자 등으로 생채기만 남는다. 몇몇 유명인들을 제외하고 우리 주위에서 주식과 금융상품으로 대박을 친 사람들을 찾아보기 힘들다. 이제 부자들이 금융기관에 자산을 맡기면서 '제발 원금만은 안전하게 유지해 달라'는 부탁을 하고 있다. 승자는 오직 금융기관뿐이다.

금융위기 2008!

2008년은 참으로 의미 있는 해이다. 리먼브라더스 파산이라는 최초의 금융위기기 발발한 해, 금융의 도덕적 몰락으로 '공유경제' 개념이 도입된 해이다. 그리고 금융과 기득권 세력에 대한 반발로 사토시 나카모토에 의해 비트코인 출시를 유발한 해(실제 출시는 2009년 1월 3일)이다.

초심을 잃은 금융

금융이 탄생하고, 최대 수혜국인 미국이 제1의 경제대국이 된 지 수백 년, 금융은 초심을 잃었다. 저축은 미덕이 되지 못하고, 투자와 투기는 구분되지 않는다. 수십 개의 보험을 들어도 뭔가 손해를 보는 느낌이 든다. 은행 수수료는 나도 모르게 소리 없이 빠져나가고, 금융이자를 갚느라 삶은 지쳐간다.

파생상품이나 주식투자로 성공한 사람들을 뒤쫓지만, 가진 재산마저 잃은 사람들이 훨씬 많다. 수조 원대 자산가가 생긴다. 규제가 하도 많아 항상 죄인으로 살아간다. 자기가 무슨 규제를 어겼는지 경찰서를 가서야 알 수 있기 때문이다. 제조원가는 소비자가격의 30퍼센트이고, 탐욕적 금융비용은 제조원가의 70퍼센트에 달한다. 생산을 지원하던 금융이 오히려 기업 발전과 기술의 확대를 막고 있다. (금융이 비대해지면서 생산 부문마저 위협하고 있다. 금융비용이 생산비에 녹아들어 원가를 높이는 것을 총칭해 '탐욕적 금융비용'이라 쓰고 있다. 여기에는 부동산 차입이자, 설비 차입이자, 어음할인, 중·장·단기 대출, 자금 조달 이자, 투자 손실, R&D 투자비 등이 있다.)

결국 금융위기가 일어난다. 자본주의가 발전하면서 우리는 경제위기를 몇 차례 경험했다. 석유파동이나 전쟁 등으로 인한 경제위기는 사회적 자정작용에 의해 회복된다. 석유 가격은 안정되고, 전쟁의 후유증은 생산 유발 효과를 가져온다.

그러나 금융위기는 차원이 다르다. 금융위기의 진앙지는 미국이다.

금융자본주의의 성지이며, 달러화라는 기축통화를 보유한 거대한 금융 왕국 미국 월가에서 일어난 비도덕이며, 측정 불가능하고 통제 불능의 금융 시스템이 기어이 붕괴되면서 세계적 위기를 맞았다. 미국이라는 강력한 국가의 힘으로 큰 불은 잡았지만 잔불이 언제 다시 타오를지 모른다. 전 세계 지식인들이 월가의 탐욕을 비판하지만 월가의 몬도가네Mondo Cane(혐오성 식품을 가리지 않고 먹어대는 괴물)들은 지금도 멀쩡히 살아 왕성한 식욕을 자랑한다.

우리가 간과했던 금융 거품

금융자본주의에서는 다양한 금융거품이 제조원가 또는 소비자가격에 반영되고 있다. 최대 70퍼센트에 달하는 탐욕적 금융비용으로 어떤 부작용이 나타나고 있는지 살펴보자.

기업의 탐욕 비용

스타벅스, 아이폰, 명품, 자동차 등은 브랜드 가치가 판매가에 반영된다. 아이폰의 판매가 대비 부품 원가율은 40퍼센트에 못 미친다. 브랜드 가치는 미국 경영학에서 기업의 가치, 즉 소비자가격을 올리는 데 커다란 역할을 해왔다. 그러나 브랜드는 성공적 금융이 만들어낸 거품이다. 문화재나 특별히 한정판으로 제작되는 명품을 제외하고 한정판도 아닌 스타벅스 커피가 3배 비싼 이유를 설명할 근거가 부족하지 않은가? 차라리 자릿세라면 모를까? 최근 시장에서의 브랜드 전략은 수익률을 높이거나 주가를 올리는 수단으로 사용될 뿐이다. 스타벅스에서 먹는 것보다 사랑하는 사람 옆에서 먹는 커피가 가장 맛있다. 브랜드와 CF에 더 이상 속지 말자.

원가에서 금융 거품으로 분류되는 항목	사례
기업의 탐욕 비용(주주의 이익)	루이비통, 스타벅스, 자동차, 아이폰 등 브랜드 가치가 판매가에 반영
빅데이터 저작권료(기업의 이윤)	구글, 네이버의 광고 수익이 기업에 귀속
시장 불안정에 의한 악성 재고 비용	자동차 등 제조사의 재고 비용을 판매가에 반영
현금 환입(수금)의 불확실성 비용	불확실성 및 어음할인 비용을 소비자가 부담
구매력 약화에 의한 부품의 높은 구매 비용	중소기업의 낮은 구매력이 판매가에 반영
희소성으로 인한 높은 원가율	전기차 등 시장 희소성에 의한 신제품 재고 리스크를 소비자가격에 반영
산업·유통의 구조적 문제	농산물, 홈쇼핑, 백화점 등 유통 구조에 따른 유통비를 소비자가격에 반영
R&D 선투자 비용	반도체, 자동차, 무기, 금융, 보험, 통신 분야 등 원가 계산이 불명확한 서비스 비용 산정
세금	취득세, 등록세, 유류세(원가율에 비례), 관세가 판매가에 반영
주주의 이익에 의한 원가 상승분	펀드의 초과수익률이 판매가에 반영
마케팅·영업·광고 비용	홈쇼핑 중개수수료, 백화점 수수료, 직접 광고 비용이 판매가에 반영
오너 리스크	주가 반영, 손실보전 등이 판매가에 반영

빅데이터 저작권료

구글이나 네이버 등 광고 매출이 주를 이루는 인터넷 서비스 업체는 고객이 제공하는 빅데이터의 저작권 수익을 독점하고 있다. 구글의 광고 매출액이 120조 원에 달하는데 이메일과 유튜브를 무상으로 사용하는 데 감사해야 하는지 의문이다. 120조 원은 고스란히 서민들이 기업에게 지불하고 있는 돈이다.

시장 불안정에 의한 악성 재고 비용

자동차 회사 등 제조사들은 악성 재고 및 불확실성 리스크를 소비자에게 전가하고 있다. 결국 팔리지 않는 재고 비용을 소비자들이 부담하고 있는 모양새다.

현금 환입(수금)의 불확실성 비용

기업이 물건을 납품하고 현금으로 입금될 때까지 캐시플로에 대한 금융비용이 원가에 포함된다. 예를 들어 거래처에서 받은 어음의 할인 비용이나 축산 사료와 같이 수금 시기가 불확실한 경우에도 그 리스크를 원가에 포함하여 구매 고객에게 부담하고 있다. 2년치 한우 사료 비용을 선지급했을 때 할인율이 거의 40퍼센트에 달한다는 사실은 기업이 원가에 그 리스크를 반영하고 있다는 것을 증명한다.

구매력 약화에 의한 부품의 높은 구매 비용

특히 중소기업은 부품을 구입할 때 소량 구매에 따른 구매력 약화에 직면한다. 대량 주문을 하지 못하기 때문에 부품비를 비싸게 지불해야 한다. 이 원가는 소비자가격에 그대로 반영된다. 결국 시장 확대를 하지 못하는 기업의 낮은 구매력 리스크도 소비자가 그 부담을 떠안는다.

실제 비접촉식 체온계를 개발한 기업은 소비자가격을 5만 원으로 책정했다. 해외 유명 브랜드의 제품이 4만 5천 원에 팔리고 있는데도 말이다. 해당 기업은 어쩔 수 없다는 입장이다. 3천 개 단위로 제조 아웃소싱을 하다 보니 제조원가만 70퍼센트에 달한다고 한다. 그러나 10만 개 단위로 주문하면 소비자가를 3만 원으로 낮출 수 있다고 한다. 결국 기업의 구매력 부족으로 소비자들은 2만 원을 더 지출해야 한다.

희소성으로 인한 높은 원가율

시장의 희소성을 판매가에 반영한다. 시장 초기, 환경과 같은 사회적 이슈, 신제품에 대한 재고 리스크를 소비자에게 부담하는 구조다. 전기차의 경우 내연기관이 있는 자동차보다 1만여 개의 부품이 더 적은데도 30~50퍼센트 더 높은 가격에 판매되고 있다.

현대의 전기차 아이오닉EV는 4천만 원대, 아이오닉 내연기관 자동차는 2천만 원대에 팔리고 있다. 기업은 배터리 가격이 높기 때문이라고 말한다. 아이오닉EV를 100만 대 주문한다면 배터리 평계로 계속 4천만 원대로 팔 수 있을까?

산업·유통의 구조적 문제

농·축·수산물은 지역과 거리, 보관과 유통 구조가 복잡한 편이다. 여러 단계의 유통 구조에 따른 일자리 창출을 이유로 생산지 가격 대비 높은 소비자가격을 받아들였다. 그러나 최근 산지와 소비자 간 온라인 직거래가 활성화되면서 저렴한 가격에 우수한 제품을 소비자가 구매할 수 있다. 최근 중개 플랫폼들이 금융의 흉내를 내려다가 공유경제의 철학을 무너뜨리고 있어 걱정이다.

R&D 선투자 비용

기업은 기술 개발을 통해 신제품을 생산한다. 기술 개발에 들어간 비용이 제조원가에 포함되는 것은 당연한 일이다. 다만 소비자가격에 반영된 개발 비용이 적당한가 하는 의문이다. 반도체, 자동차, 무기와 같이 R&D 비용이 높은 제품의 적정 원가보상률은 얼마나 될까? 100억 원의 R&D 비용을 투자해 휴대폰을 개발했다면 100만 대 판매 시 1대당 1만 원이 R&D 원가로 책정된다. 그러나 100만 대 판매를 목표로 한 제품이 1천만 대 판매되더라도 9천 원이 할인되거나 선구매한 1천만 명이 9천 원을 되돌려받지 못한다.

보험과 통신과 같이 원가 계산이 불명확한 서비스 비용은 산정 자체가 모호하다. 국내 통신사가 원가 공개 요구를 거부하고 있는 이유도 여기에 있다.

대법 "이통요금 원가 공개하라"… 통신료 인하 요구 더 거세질 듯

소송 전 7년 만에 마침표

"상당 기간 경과 영업 비밀 해당 안 돼"

2005~2011년 영업 통계 등 공개

시민단체 "LTE·5G도 공개 요구"

이통사들은 울상

기술 도입 초기에 막대한 투자비

매년 원가보상률로 요금 책정 모순

일각 "이번 기회에 인하안 내놔야"

이동통신사 원가보상률 (단위: %)

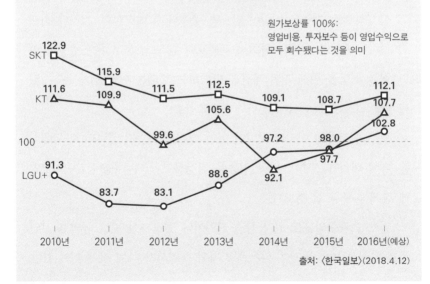

원가보상률 100%:
영업비용, 투자보수 등이 영업수익으로
모두 회수됐다는 것을 의미

출처: 〈한국일보〉(2018.4.12)

세금

유류세나 간접세, 관세 등도 원가에 매우 중요한 비용이다. 판매가 대비 부가세 규모가 커지고 있으며, 유류세는 기름값의 50퍼센트에 달한다. 휘발유 가격의 상승에 대해 정부가 민생 걱정을 하고 있을지 아니면 세수 증가로 인해 표정 관리를 하고 있을지 의문이다. 관세는 무역전쟁의 산물이다. 아무리 우수한 기술로, 아무리 싸게 제품을 만들어도 갑자기 20~30퍼센트의 관세가 붙으면 수출은 거의 불가능하다. 수백만 노동의 대가가 관세 하나에 무너진다. 수입국 국민은 그 부담을 그대로 가계 비용으로 지출해야 한다. 이번 달에 주유비로 50만 원을 썼다면 25만 원은 정부가 가져간 셈이다.

주주의 이익에 의한 원가 상승분

상식적으로 기업은 이익이 남으면 주주에게 배당한다. 그러나 최근 기업들은 주주의 이익을 사회적 이익보다 너무 우선시하는 경향이 있다. 현금 배당을 위해 기업 채권을 발행하는 형태는 이제 쉽게 볼 수 있다.(《메이커스 AND 테이커스》, 라나 포루하 참조)

주주와 주가에 이익이 된다면 어떤 행위도 서슴지 않는다. 한국에서는 아예 대기업 진출을 막는 업종을 지정하고 있다. 대형마트는 일요일에 강제 휴무를 할 정도다.

펀드 초과수익률도 원가 상승 요인이다. 실물자산 펀드 규약을 보면 목표 수익을 넘는 초과 수익은 투자자와 운영사가 나눠 갖게 되어 있다.

반값 한우를 지향했던 한우펀드의 이익이 소비자가 아닌 투자자들에게 만 돌아간 이유가 여기에 있다. 영원히 소비자에 대한 배려는 없다.

마케팅·영업·광고 비용

홈쇼핑이나 백화점 수수료율은 거의 50퍼센트에 가깝다. 복잡한 유통 구조로 인해 발생하는 비용이 소비자가격에 반영된다. 홈쇼핑에서 구매한 6만 원짜리 화장품을 3만 원에도 살 수 있다는 것을 우리는 이미 알고 있다. 어마어마한 광고비와 유명 연예인의 광고 출연료는 이미 우리의 주머니에서 새어 나가고 있다.

오너 리스크

최근 기업의 오너나 경영진들의 눈에 띄는 행동들이 기업에 위협을 주는 경우가 있다. 경영진들의 눈에 보이지 않는 실수도 있을 것이다. 투자 결정의 실수나 리스크 관리 실패다. 경영진 또는 오너 리스크로 생긴 손실은 제품과 서비스 가격에 편입하여 보전시키게 된다. 기업이 쓰러지지 않으려면 어쩔 수 없는 선택이나 소비자들이 왜 그들의 실수 비용을 부담해야 하는지 생각해 본다면 속이 쓰릴 일이다.

미국 전기차 업체 테슬라 주가가 증시에서 폭락한 적이 있다. 미 증권거래위원회SEC가 테슬라 최고경영자 일론 머스크를 사기 혐의로 고소한 것이 주가에 직격탄을 날린 것으로 분석했다. 테슬라 주가는 하루 13.9퍼센트나 하락해 264.77달러에 마감했다. 미국 경제 방송 CNBC

는 "테슬라 주주들이 2013년 11월 이후 거의 5년 만에 최악의 하루를 보냈다"고 전했다. 테슬라 주주들이 무슨 죄인가? 이러한 사건들이 누적되어 오른 비용을 지불하는 소비자들은 또 무슨 잘못이 있는가?

공유경제의 몰락

금융이 초심을 잃고 탐욕스러워지면서 우리의 삶은 더 피폐해지고 있다.
펀드매니저의 연봉이 일반 근로자 연봉의 20배를 넘는다.
그들의 성공을 부러워할 만한 일인가?
은퇴 후 공익재단을 만드는 펀드매니저를 부러워해야만 하는 것인가?

아니다. 뭔가 잘못되고 있다.

금융자본주의 혁신 아이콘 '공유경제'

금융위기 이후 대안으로 떠오른 공유경제는 금융자본주의 혁신의 아이콘이었다. 금융은 이미 우리 생활 깊숙이 자리 잡고 있다. 다만 몬도가네식 탐욕이 문제다. 브레이크가 고장 난 기차처럼 금융의 탐욕은 멈추지 않다가 결국 문제가 터지고 만다. 바로 금융위기의 발발이다. 그러나 우리는 경제위기의 주범인 금융을 쉽게 포기할 수 없다. 금융의 순기능은 우리에게 희망과 미래를 안겨줬기 때문이다. 보험, 적금, 저축, 투자, 상조를 빼고 우리의 미래를 말할 수 없다. 내 소득의 70퍼센트를 금융회사가 가져간다 해도 되돌릴 수 없다. 금융회사의 이익을 사회에 조금만 환원해 달라는 소극적 요구 외에는 말이다. 그래서 찾은 대안은 금융을 달래면서 함께 살아갈 방법, 바로 '공유경제'라는 혁신 아이콘이다.

금융자본주의 몰락 징후

기술 발전의 궁극적인 목적은 인류의 생활을 편리하게 하는 것이다. 사회를 바꿀 만한 혁신적인 신기술이 탄생한 산업혁명 시기에 신기술의 확산을 위해 금융자본주의 경제 시스템이 생겨난다. 금융은 투박한 기술에 상품화를 입혀 기술의 효용가치를 높인다. 다양한 응용 제품이 탄생하고, 기술 전파에 대한 대가를 지불하는 구조가 만들어지며, 물류와 유통, 마케팅과 영업망이 생긴다.

시장 규모가 커지고, 거래량이 급속히 확대되기 시작한다. 대량생산이 필요하게 되고, 거래의 안전성을 확보하기 위해 투자 개념이 도입된다. 이 생태계에서 금융은 윤활유 역할을 한다. 자유주의 철학하에 태동한 자본주의는 금융이라는 훌륭한 파트너와 결합되면서 그 꽃을 피운다.

금융의 역할은 실로 대단하다. 어음이나 채권의 발행으로 국가 간, 기업 간 거래가 촉진된다. 금융상품을 통한 자금 조달로 기업의 대량생산이 가능하게 된다. 잉여자산을 보유한 개인들은 금융상품을 이용해 저축과 투자를 한다. 저축된 자금은 거대 자본으로 신기술을 사회에 퍼뜨리는 원동력이 된다. 신분 고하를 막론하고, 금융자본주의에 편승해 부를 거머쥔 자본가라는 새로운 계급이 탄생한다. 금융으로 가히 역성혁명 수준의 사회구조 변화가 일어난다.

금융자본주의 태동 이전까지 경제 시스템은 단순 교환 시스템이었다. 물물교환이나 품앗이가 화폐를 대체하는 경우가 많았다. 당시 상류 기득권층은 왕족, 귀족, 지주들이었다. 그들은 정보를 독점했으며, 물류나 외국과의 교역에서 독과점으로 부를 창출했다. 그들만이 조상 대대로 갖고 있는 신의 선물인 셈이다.

그러나 발칙한 금융은 기득권층의 독과점 체제에 반기를 들었다. 결정적으로 금융은 화폐에 가치를 부여한다. 물물교환이나 노동의 교환이 화폐가치로 계산되어 이전에 없던 새로운 부가가치를 창출한다. 투자와 대출, 보험, 어음할인 등의 금융기법들로 생기는 부가가치의 혜택을 자본가와 금융가들이 받게 된다. 이는 새로운 혁신계급의 탄생을 의미한다. 지주나 전통적인 기득권층은 두려워지기 시작한다. 수백 년간 그들이 주도한 사회구조가 무너지고, 자신들의 사회적 위상이 위협받는다. 부의 지도가 파괴되고 있음을 본능적으로 느낀다. 10만 평의 토지에서의 생산가치가 1천 평 공장에서 생산되는 공산품 가치만 못하다. 산업화사회에서 땅을 소유한 지주는 투기꾼 취급을 받을 뿐이다.

그들은 법과 규제 그리고 전통을 내세워 새로운 경제 시스템을 거부한다. "물건이 오가지 않고 종이쪽지가 오가는 거래는 사기다", "수입은 국내 산업 기반을 무너뜨리게 된다", "금융 사고는 한탕주의이며 전통적 경제관을 위험하게 만들 것이다"며 거부한다. 조선 말기 대원군의 쇄국정책은 그들의 마지막 생존을 위한 몸부림이었다.

탈금융을 위한 사회적 노력, '공유사회'

승승장구하던 금융자본주의에도 브레이크가 걸린다. 미국 월스트리트로 대변되던 탐욕적 금융우선주의가 리먼브라더스 사태로 철퇴를 맞았다. 금융위기 이후 통제 불가능하게 성장해 버린 탐욕스러운 금융에 대한 자성의 목소리가 커진다. 범정부 차원에서 탈금융을 외치며 법과

제도를 정비하고, 사회적으로는 금융자본주의의 폐단을 최소화할 또 다른 대안을 제시하기 시작한다.

이때 궁지에 몰린 금융자본주의에게 구세주처럼 백마 탄 왕자가 나타난다. 바로 '공유경제'의 출현이다. 공유경제는 '나눔의 경제를 통한 공유사회의 실현'을 목표로 한다. 탐욕스러운 금융에 스스로 자정할 것을 요구한다. 기업들과 금융인들은 반성하기 시작하고, 기업가정신이나 CSR(기업의 사회적 책임)을 외치며, 그동안 벌어들인 돈으로 비영리재단을 만들어 사회에 헌납한다. 미운 오리 새끼에서 한 번에 존경의 대상으로 바뀐다. 이로써 공유경제는 금융경제의 대안으로 샛별같이 떠오르게 된다.

공유사회

한번 생산된 제품을 여럿이 공유해 쓰는 협업 소비를 기본으로 한 경제를 의미한다. 쉽게 말해 '나눠 쓰기'란 뜻으로 자동차, 빈방, 책 등 활용도가 떨어지는 물건이나 부동산을 다른 사람들과 함께 공유함으로써 자원 활용을 극대화하는 경제활동이다. 소유자 입장에서는 효율을 높이고, 구매자는 싼값에 이용할 수 있는 소비 형태인 셈이다.

2008년 미국발 경제위기의 충격 이후 새롭게 탄생한 개념으로 로렌스 레식 하버드대 법대 교수가 처음 만들어냈다. 대량생산과 대량소비가 특징인 20세기 자본주의 경제에 대비해 생겨난 개념이다. 미국 시사 주간지 타임은 2011년 '세상을 바꿀 수 있는 10가지 아이디어' 중 하나로 공유경제를 꼽았다.

출처 : 《한경경제용어사전》(한국경제신문/한경닷컴)

금융위기 이후 우버와 에어비앤비로 대표되는 공유경제 플랫폼은 급속한 성장을 이룬다. 공유사회는 거의 종교와 같은 신념으로 전 세계에 퍼져 나갔다. 한마디로 초고도비만 상태의 금융자본주의를 살려줄 혁신의 아이콘과도 같았다. 대기업도 공유경제 시스템에 뛰어들었다. 한국의 통신·반도체 전문 SK그룹은 자동차 공유 플랫폼 '쏘카'를 운영하고 있다. 다음카카오도 카풀 공유 사업에 뛰어든다.

그러나 최근 들어 공유경제에 잡음이 일기 시작했다. 공유사회를 구축하기 위한 기본 알고리즘은 바로 '나눔의 철학'이다. 그래서 공유경제를 '나눔의 경제'라고도 표현한다. 나눔의 경제란 사회적 약자 또는 환경 보전을 위하여 자신의 유휴자산을 공유하는 경제다. 낭비를 줄이고, 유휴자산 또는 초과 수익을 사회에 환원하자는 의미다.

공유사회를 실현하기 위한 가장 대표적인 시도가 CSR(기업의 사회적 책임)이다. 지역사회 또는 국가의 보호와 지원하에 수익을 창출한 기업은 지역사회 또는 국가에 대한 사회적 책임을 다할 도덕적 의무가 있으며, 기업은 수익의 일부를 사회에 환원함으로써 그 사회적 의무를 수행해야 한다는 주장이다. CSR은 사회운동처럼 퍼져나가기 시작한다. 기업도 적극적이다. 기업 이미지 쇄신과 브랜드 가치 상승에도 도움이 된다고 판단했기 때문이다.

그러나 기업이 CSR 활동에 적극적이었던 더 큰 이유는 바로 '면죄부'를 얻을 수 있다는 판단 때문이다. 금융자본주의하에서 기업활동은 도덕성이 취약할 수밖에 없다. 기업들은 CSR 활동으로 기업 성장 과정에서의 비도덕적 과정을 정당화하기 위해 노력한다. 비대해진 금융도 다이어트할 기회를 놓치고 만다. 금융위기로 만인의 지탄을 받고 궁지에 몰린 금융에게 공유경제는 면죄부이면서, 생명을 연장할 수 있는 산소호흡기와 같은 존재다. 공유경제가 그들의 비도덕성을 위장할 수 있는 명분과 기회를 제공했기 때문이다.

기업의 비윤리적 활동의 정당화에 기여한 CSR은 결국 기업의 자발성 부족과 사회적 거부감 등으로 더 크게 확대되지 못하고 있다. 사회적 이해 부족으로 미정착되거나 왜곡됨으로써 금융을 탈피하는 데도 실패한다.

시민의식이 공유경제를 받아들이지 못하는 경우도 있었다. 분실된 공유 자전거, 훼손되고 파손된 공유 자동차, 대중교통업과 대치되는 우버 서비스, 몰래카메라로 얼룩진 에어비앤비 서비스 등이 이슈가 되고 있다.

학자들은 곧 보완책을 내놓는다. 기업은 설립부터 사회적 가치 창출을 목적으로 해야 한다는 CSV Creating Shared Value가 제안된다. 한국에서는 '사회적 기업'이라는 이름으로 탄생한다. 사회적 목적이 우선시되는 기업이다. 사회적 기업은 사회적 목적을 우선시함으로써 기업의 지속 가능성

기업의 CSR 활동

이 부족하다는 단점을 안고 있다. 최근에는 "사회적 기업, 실력 없는 약자가 하는 것"이라고 언급한 모 지자체 후보의 발언이 논란이 된 적이 있을 정도다.

자발적인 노력 외에 공유경제를 상업적으로 이용한 경우도 있다. 우버나 에어비앤비로 대표되는 상업적인 공유경제 플랫폼 비즈니스다. 상업적 목적의 공유 플랫폼은 곧바로 기득권화되고 사유화될 가능성이 높다. 이미 중개사업자_{플랫폼 사업자}의 폭리와 독점이 사회문제화되고 있다.

나눔의 철학! 공유경제의 종말

혼란에서 선 공유경제

세계적인 석학이나 언론들의 공유경제에 대한 최근 평가를 들어보자. 그리고 그들이 말하고 있는 메시지가 무엇이며, 치명적인 약점이 무엇인지 곰곰이 따져봐야 한다.

> 공유경제가 부를 재분배하거나 사유재산의 종말을 가져올 것이라 기대했다면 굉장히 실망할 것이다. 공유경제는 정제된 자본주의다. 공유경제가 부상한 원인은 예전에는 시장의 영향을 받지 않던 사회적 생활의 양상에서 새로운 이익을 창출할 기회를 찾아내야 한다는 자본주의 요구 때문이다……용어부터 완전히 사기라고 비난하는 사람도 있다. 탐욕스러운 회사에 도덕이라는 허울을 씌우려 하는 기업가들의 집단적 시도라는 얘기다.
>
> —《공유경제는 어떻게 비즈니스가 되는가》(앨릭스 스테파니)

공유경제란 다음 다섯 가지 특징을 갖는다. 첫째, 제품의 교환 및 새로운 서비스의 등장을 가능하게 하는 시장을 창조한다(시장 기반성). 둘째, 자산과 기술에서부터 시간과 돈에 이르기까지 모든 자원이 가능한 한 낭비 없이 완벽하게 사용될 수 있는 기회를 제공한다(고효율적 자본 이용). 셋째, 위계가 있는 기업이나 국가가 아니라 분권화된 개인 집단이 자본과 노동력을 공급하며, 이 교환활동 역시 중앙집권적 제3자가 아니라 분산된 개인 집단이나 대중 장터에서 이루어진다(대중 기반 네트워크). 넷째, 인력 제공 활동이 상업화하고 타인을 차에 태워주거나 방을 빌려주는 등 '사적인 일'로 치부되던 P2P 활동이 증가한다(사생활과 직업의 경계 모호화). 다섯째, 전일제 일자리 상당수가 계약직 일자리로 대체된다 (고용 형태의 변화).

—《4차 산업혁명 시대의 공유경제-고용의 종말과 대중 자본주의의 부상》
(아룬 순다라 라잔)

공유경제, 자본주의의 진화인가 새로운 대안인가

P2P재단 창립자인 마이클 바웬스Michel Bauwens와 코스타키스는 뒷단 시스템이 중앙집권적으로 통제되는 공유경제 서비스에 대해 '신新봉건적 모델'이라고 분류했다. 이들은 이렇게 말한다. "사용자들의 P2Ppeer-to-peer 활동을 가능케 하는 앞면은 많은 경우, 뒷면에서 중앙집권적으로 통제된다"면서 "진정으로 자유로운 P2P 논리는 뒷면이 배타적인 통제와 소

유권하에 있는 한 불가능하다." 바웬스의 모델을 여기에 적용하면 이렇게 구별할 수 있다. •앞면만 협력과 분산을 지지하는 시스템은 '공유경제' •앞면과 뒷면 모두 협력과 분산을 지향하면 '커먼스 경제'.

이를테면 위키피디아와 리눅스는 동료 간 협력으로 생산이 진행되면서 동시에 특정 개인이나 사적 기업의 소유나 통제가 이뤄지지 않는다는 측면에서 커먼스 경제에 해당한다고 볼 수 있다. 이는 이윤이라는 금전적 동기로 시스템이 작동하는 자본주의 시스템과는 완벽하게 이질적인 속성이 있다고 볼 수 있다.

우버와 에어비앤비를 비판할 때 자주 쓰이는 용어가 있다. '임시직 경제Gig Economy.' 이 말은 공유경제의 한계를 대변하는 표현으로 곧잘 인용된다. 공유경제는 그것이 지닌 새로운 패러다임적 요소에도 불구하고 옛 패러다임을 넘어서지 못하는 치명적 결함을 안고 있다. '임시직 경제'라는 표현에서도 유추할 수 있듯, 자발적 참여자의 노동을 불안정한 위험 상태로 내몬다.

우버나 태스크래빗, 에어비앤비가 확산하고 주류화할수록 노동자들의 지위는 더 위태로워지고 노예화된다. 생산은 분산적으로 이뤄지지만, 이윤은 독점적으로 소유되는 모순된 시스템으로 작동한다. 바웬스와 코스타키스는 이 같은 공유경제 시스템을 '네트워크 통치 자본주의'라고 명명하면서 '신봉건적'이라고 비판했다. 이유는 간단하다. 이들 공유경제 서비스의 형태가 과잉착취Hyper-Exploitation에 기대고 있기에 그렇다.

—〈슬로우뉴스〉 2016년 연중기획 '미래 읽기'(2016. 5. 11)

우리는 '공유경제'를 받아들일 준비가 돼 있나?

'공유경제Sharing Economy'란 키워드 하나로 전 세계가 들썩이고 있습니다.

1세대 공유경제 기업이라 불리는 우버UBER와 에어비앤비Airbnb는 창업 몇 년 만에 공유경제 산업의 확장을 선도하는 기업이라 평가받고 있고, 가까운 나라 중국은 '가족 빼고 뭐든 다 공유한다'는 말이 나올 정도로 공유경제가 국가 핵심 성장 전략으로서 위치를 다지고 있습니다.

하지만 한국에서는 있을 수 없는 얘기일까요? 최근 국내 유명 차량 공유 플랫폼 회사가 서비스 확대를 두고 서울시와 갈등을 빚는 일이 있었습니다. 시범 서비스 하루 만에 규제에 나선 서울시의 신속한(?) 대처가 논란이 됐습니다. 업계에서는 "이럴 거면 왜 창업하라고 이야기했느냐"면서 고개를 저었습니다.

사실 공유경제 기업을 둘러싼 논란들이 한국에서만 해당하는 얘기는 아닙니다. 한국에서는 규제 때문에 논란이 됐지만, 해외에서는 몰카나 난폭운전·해킹 등 각종 불법과 범죄에 노출돼 잡음이 커지고 있습니다. 문제가 생길 때마다 기업들은 '개인사업자일 뿐'이라며 책임을 회피해 왔습니다.

공유경제 개념을 초기부터 만들어왔던 요하이 벤클러 교수는 이를 두고 "우버 같은 시스템은 소비자나 기업에는 혜택이 되겠지만 노동자의 지위를 약화한다"면서 "우버가 무슨 공유경제 기업이냐"고 비판합니다. 지난 미 대선에서도 힐러리 클린턴 당시 후보가 "우버 같은 '임시직 경제'는 좋은 일자리 창출을 막는다"고 목소리를 높이기도 했습니다.

최근에는 이런 경향을 뒤집는 판결도 나와 주목받았습니다. 지난달 11일 영국 런던 고용재판소가 "우버 운전기사들도 법적인 보호를 받아야 하는 종업원"이라고 판결을 내렸습니다. 그동안 우버 시스템이 '노동착취적'이라는 비판론자들의 주장에 힘이 실리게 된 것입니다.

그럼에도 공유경제는 꾸준한 성장세를 이어나갈 새로운 트렌드로 주목받고 있습니다. 영국 디지털테크 분야 시장 분석업체 주니퍼리서치에 따르면 관련 플랫폼 시장 규모가 현재 186억 달러에서 5년 안에 402억 달러로 크게 성장할 전망입니다.

벤클러 교수는 공유경제의 의미를 이렇게 정의합니다. "공유경제의 기본은 경제적 교환이 아니라 사회적 교환이 핵심이다. 소비자와 노동자의 지위를 모두 향상하는 방향으로 가야 하겠지만 아직 그런 모델은 보지 못했다."

말도 많고 탈도 많은 '공유경제' 산업, 우리는 얼마나 받아들일 준비가 돼 있을까요.

—〈서울신문〉

이 외에도 기타 공유경제에 대한 비판적 시각은 더욱 더 커지고 있다.

"공유경제의 비극…무단 방치 자전거 산 쌓아"

"中 공유경제 참여 기업들 줄줄이 도산"

"공유 자원은 공유 낭비"

애물단지로 전락한 중국의 공유 자전거

"편리하긴 한데 자꾸 비싸져요…배달 앱의 두 얼굴"

"회원 200만 돌파한 '쏘카'…적자 폭도 눈덩이처럼 늘어"

"에어비앤비로 주택난, 우버 정보 유출…세계 곳곳 공유경제 잡음"

대중교통과 우버의 경쟁 관계에서도 알 수 있듯이 공유경제의 정의
와 범위는 사회적, 학문적으로 아직 명확하지 않다. 명확한 개념과 기준

을 마련해야 하고, 법적 사회적 여건이 갖추어져야 한다. 공유경제가 부를 재분배하거나 사유재산의 종말을 가져올 것이라 기대했다면 굉장히 실망할 것이며, '공유경제'라는 용어부터 완전히 사기라고 비난하는 사람도 있다. 탐욕스러운 회사에 도덕이라는 허울을 씌우려 하는 기업가들의 집단적 시도라는 얘기다.

공유경제의 '협력적 소비'의 탄생이 공익적이지도, 자발적이지도 않았다는 주장도 있다. "금융위기로 거품이 꺼지자 소유는 살아 움직이는 악몽이 되고, 수많은 소비자들이 소유한 별장, 가구, 명품 구두 같은 물건이 과도하게 남겨졌다. 과도한 자산을 활용하여 돈을 벌라고 자극한 것이 공유경제"라는 주장이다.

공유경제의 구조적 한계

한국 속담에 '개처럼 벌어서 정승처럼 쓴다'라는 말이 있다. 소득과 분배에 대한 조상들의 철학이 담긴 속담이다. 소득과 분배에 대한 경제 철학은 2008년 이전까지는 금융경제로, 2008년 이후는 공유경제로 구분한다.

금융경제는 '개처럼 벌어서 개처럼 쓰자는 경제 시스템'이다. 수단과 방법을 가리지 않고 얻은 소득은 개인의 자유의사로 사용된다는 경제 철학이다. 금융경제는 개인의 소득 욕구를 자극해 경제성장의 토대가 된다. 그러나 주주 우선주의와 정경유착, 빈부 격차, 금융 파생상품 등의 사회문제를 양산한다. 결국 2008년 리먼브라더스 사태가 발생한다. 월

금융경제와 공유경제 구분의 기준은 '분배'

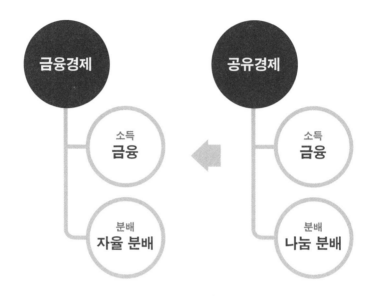

스트리트의 도덕성 상실은 세계적인 경제위기를 초래한다. 자유주의 기반 금융경제 철학은 금융위기 이후 수정을 요구받게 된다.

공유경제는 이 시기 탄생한다. 금융경제의 단점을 보완한 개념이다. '나눔'이라는 분배 철학이 녹아 있다. '개처럼 벌어서 정승처럼 쓰자'는 경제철학이다. CSR(기업의 사회적 책임)이 강조되고, CSV(공유가치 창출)의 실천 과제로 사회적 기업 모델이 대두된다. 금융경제를 탈피하기 위한 다양한 사회적 노력이 시도된다. 잉여자산을 공유하여 협력적 소비를 하자는 기본 정신으로 기부문화가 확대된다. 빈익빈 부익부, 부의 대물림을 최소화하려는 노력들이다.

그러나 공유경제는 탄생 10여 년 만에 한계에 부딪히고 만다. 공유경제는 구조적인 약점을 갖고 있다. 분배의 형평성에 초점이 맞춰져 있었을 뿐 소득 과정의 투명성은 간과한 점이다. 개처럼 벌어 잉여자산을 갖춘 사람들에게 이제 벌었으니 사회를 위해 써야 한다는 의무를 강조한다. 정상적인 부를 축적한 기업이나 개인들은 도덕성을 앞세운 반강제적인 부의 분배 시스템에 불만을 갖게 된다. 방식이 폭력이라는 것만 빼면 프롤레타리아 혁명의 정신과 유사하지 않은가? 가진 자에게서 부를 빼앗아 가지지 못한 자들에게 나눠 준다? 때문에 신자유주의의 몰락, 자유주의 경제철학에서 공산주의 경제철학으로의 전환이라는 오해를 사기도 한다.

'나눔'이라는 분배 방식에도 거부감이 있을 수 있다. 자선, CSR, 사회적 기업, 기부, 공유, 푸드뱅크 등 다양한 나눔의 방식이 존재한다. 그러나 자선은 부자들의 생색 내기, CSR은 기업홍보 효과, 사회적 기업은 시민단체가 정부 세금으로 운영하는 기업, 기부는 잘난 사람들 생색 내는 이야기, 푸드뱅크는 유통기한 지나 버리느니 불쌍한 사람에게 나눠 주는 음식으로 인식되고 있다. 공유경제의 핵심 분배 방식을 위선으로 보고 있는 것이다.

이것은 기업의 선한 행동마저도 세금 절감, 부의 대물림, 2세 경영 기반 마련, 기업 브랜드 홍보가 목적일 것이라는 오해를 일으킨다. 심지어 부자가 되기를 원하면서도 부자를 증오하는 사회 풍토가 생기기도 한다. 일방적인 퍼주기로 노동 의욕이 감소하고, 실업률이 증가하여 자살률이

평등과 형평을 극명하게 보여주는 그림

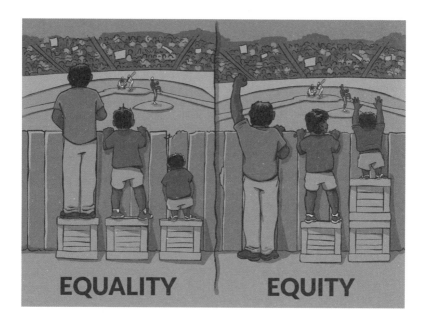

급증한다.

근본적으로 소득의 취득 과정에 대한 불투명성이 해소되지 않는 이상 나눔의 공유철학은 순수성을 확보하지 못한다. 이미 탐욕스러움으로 브레이크 없는 기차가 된 금융을 근본적으로 대체하지 못하면서 분배의 투명성만을 제기하는 한 공유경제는 계속 몰락의 길을 걷게 될 것이다.

경이로운 크립토 경제

암호화폐를 가장 빠르게 이해하는 방법은
'암호화폐가 무엇인가' 알려고 하지 말고,
'암호화폐가 사회를 어떻게 바꿀 수 있을 것인가'를 찾아내는 것이다.

나눔의 대안, 누림의 경제

나눔의 철학과 누림의 철학이라는 말은 얼핏 비슷해 보인다. 그러나 나눔과 누림은 시작점이 다르고 지향하는 목표점이 완전히 다르다. '누림의 경제Noorim Economy, Reciprocal Economy'는 공유경제의 구조적 약점을 보완하고, 철학을 완성하기 위한 대안으로 제시된다. 사회통합 목적을 달성하기 위해 노력한 이들이 창출한 이익을 형평성 있게 배분함으로써 혜택을 공유, 즉 함께 누리자는 경제철학이다.

따라서 금융은 누림의 경제에 적합한 소득 모델이 아니다. 수익과 효율을 중시하는 금융 시스템으로는 적합할 수 없는 모델이다. '누림의 경제'는 소득의 취득 과정에서부터 투명성과 사회통합을 중요시하게 되며, 자산 분배 과정에서 형평성에 초점이 맞춰져 있는 경제철학이다. 결국 금융을 대체하려는 노골적인 움직임이 2008년 금융위기 발발과 동시에 일어나게 된다. 바로 비트코인의 탄생이다.

나눔의 철학

'나눔'이란 자신이 가진 것을 이타적인 이유로 타인과 나누는 것을 의미한다. 한마디로 협력적 소비다. 금융경제하에서 빈부 격차로 사회적 혼란이 심해지고 범죄와 자살이 증가한다. 가진 자를 증오하게 되고, 수단과 방법을 가리지 않고 부를 얻으려고 한다. 사회적 혼란을 극복하고자 가진 자의 사회적 책임을 강조하면서 나눔의 철학이 탄생한다.

그러나 '나눔'에는 '돈 벌어서 착한 일을 하겠다'는 사고가 수단과 방법을 가리지 않고 부를 축적하라는 명분을 제공한다. 대신 기업가정신, 나눔의 선행을 자극하면서 자발적인 나눔을 유도한다. 인간의 이타성과 양심에 맡기는 것이다. 나눔의 철학은 공유경제 개념으로 확대되지만 '불쌍한 사람 돕는다'는 밑바탕에 돕는 이의 우월감이 존재한다. 자선단체 '사랑의 열매'에 1억 이상 기부하면 '아너소사이어티' 그룹에 가입된다. 1억 원이나 기부할 수 있으니 성공한 사람으로 보여진다. 기부금을 전달할 때는 항상 받는 이와 사진을 찍는다. 이 사진 한 장이 나누는 이에게는 자기만족을, 나눔의 혜택을 받는 이에게는 굴욕감을 가져다줄 수도 있다.

'나눔'이 변질되면 이렇게 정의된다. '금융자본주의하에 가진 이들이 부의 축적 과정의 명분을 높이고, 잉여자본의 분배를 통해 자기만족을 정당화하려는 논리'다. 나누는 자는 나르시시즘(자기애)에 빠져 가난한 자를 도왔다는 사실에 쾌감을 느끼며 중독된다. 자칫 가지지 못한 이들을 한정치산자나 게으른 사람, 불쌍해서 도와야 하는 대상으로만 보는 관점도 여기서 나온다.

누림의 철학

반면 '누림'은 '나눔'과는 다른 철학이다.

누림은 설계부터 '주는 이', '받는 이' 모두에게 혜택이 돌아간다. 호혜 Reciprocity, 互惠의 원칙이다. 누구를 특정해서 돕는 것이 아니다. 시스템 내의 모든 공동체 구성원이 혜택을 받을 수 있다. '나눔'과는 달리 참여하는 이도 혜택의 대상이 된다. 상부상조, 두레, 품앗이를 보라. 우리 조상들의 공유 시스템은 누림의 실천이었다. 일방적인 구제보다는 서로의 노동력을 교환하고, 서로를 돕고, 도움받는 모델이었다. 누림의 경제는 이와 같은 상생 생태계 조성이 철학적 표본이다. 돈 벌고 나서 돕는 것이 아니다. 함께 참여하고 같이 누리자는 얘기다. 그 혜택은 참여자와 더불어 사회 구성원 전체가 누릴 수 있다.

전기차 공동구매로 낮아진 전기차의 판매가가 계속 유지되면서 공동구매에 참여한 이들 뿐만 아니라 일반인에게도 혜택이 돌아가게 된다. 응급외상센터크립토재단에서 발행한 코인을 구매한 프로젝트 참여자도 재단에서 설립한 '응급외상센터'를 이용할 수 있게 된다. 신용 공유무역을 통해 북한 등 제3세계 국가들과도 신용거래를 할 수 있다. 모두가 혜택을 공유할 수 있는 시스템을 설계하게 된다. 바로 누림의 경제다.

누림의 경제

누림의 철학은 3가지 요소를 동시에 만족해야 한다. 사회적 통합성과 사회적 경제성, 사회적 형평성의 융복합이 필요하다.

첫째, 누림의 철학이 완성되려면 상생사회 실현을 통해 그 효과를 모두가 누릴 수 있어야 한다. 사회적 통합성이다. 사회통합의 혜택을 누리기 위해서는 혁신적인 아이디어로 사회 시스템의 긍정적인 변화에 미치는 활동을 수행해야 한다. 이 활동을 통해 사회적 갈등 요소를 해결함으로써 사회통합의 긍정적 효과를 누릴 수 있다.

사회통합 활동이 지속되려면 참여자는 이를 즐겨야 하고, 재미있어 해야 하며, 흥분을 누릴 수 있어야 한다. 주는 이 또는 받는 이 한쪽만 만족해서는 안 된다. 공동체 전체가 함께 즐거움을 누려야 한다. 그래야 지속 가능성이 유지된다.

둘째, 공동의 노력으로 달성한 공동의 이익을 누릴 수 있어야 한다. 사회적 경제성이다. 누림의 경제는 함께 참여해 경제적 이익을 얻고, 얻은 이익을 공동체 전체가 서로 누릴 수 있어야 한다. 심지어 나눔의 경제와는 달리 수익을 내지 않아도 된다. 경제적 이익은 '수익을 얻는 것'과 더불어 '손실이 줄어드는 만큼 혜택을 받는 것'도 해당되기 때문이다.

응급외상센터를 통해 3만여 명의 시민들이 살아난다면 이들의 사망으로 발생할 수 있는 직간접적인 사회적 손실을 줄이는 효과가 있다. 사회적 경제성이 있다는 의미다.

전기차 공동구매로 낮아진 비용만큼 소득이 증가하는 효과가 난다. 이는 실질소득의 증가를 의미한다. 누림의 철학을 기반으로 하는 누림의 경제는 '실질소득'의 증가를 누리도록 설계된다. 금융비용을 축소하

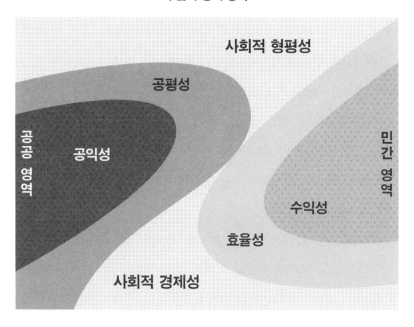

누림의 경제 영역

사회적 형평성

공평성

공공 영역

공익성

민간 영역

수익성

효율성

사회적 경제성

는 것만으로도 우리의 생활에는 할인, 무료를 누릴 기회가 많아진다. 사
회분쟁으로 발생할 수 있는 사회적 비용을 공동체에서 같이 나눔으로
써 사회적 경제성을 높일 수 있다.

셋째, 사회적 통합과 경제성으로 도출된 혜택을 형평성 있게 누려야
한다. 사회적 형평성이다. 형평성을 맞추기 위해 누구나 참여할 수도, 누
구나 혜택을 공유할 수 있어야 한다. 형평성이 맞아야 나르시시즘도 패
배주의도 사라진다. 사회 구성원 전체가 자존감이 높아지는 것이다. 그
동안 나눔의 정신을 실천하다가 비웃음과 오해를 사기도 했다. '기부하

려면 조용히 몰래 할 것이지 왜 생색을 내나?', '돈 많이 벌었나 보네, 기부도 하고', '가까운 친척이나 먼저 돕지', '그렇게 억척스럽게 돈 벌더니.'

이제 7천 원짜리 식사를 금융거품을 뺀 3분의 1 가격에 먹을 수 있도록 설계된 크립토 비즈니스에 참여했다면 낮은 가격에 식사를 한다고 손가락질할 사람도, 받을 사람도 없다. 자신의 참여 덕분에 이제껏 복지 카드로 편의점에서 눈칫밥을 먹던 사회적 약자들, 직장인들, 부자들도 동등하게 모두 3분의 1 가격으로 식사를 할 수 있으니 말이다.

사회적 통합성, 경제성, 형평성이라는 누림의 철학 3가지 요소가 경제 시스템과 결합되면 '누림의 경제'가 실현된다. 누림의 경제는 잉여가치를 나눠 주거나 빼앗지도 않는다. 환경운동도 아니다. 기업에게 수익을 나눠달라고 도덕적 잣대를 들이대지 않아도 된다.

따라서 누림의 경제는 이렇게 정의된다.

'상생사회Social Impact 실현을 위해 기꺼이 참여한 이들이 공동의 노력Crowed-based으로 얻은 혜택을 참여한 이들과 사회구성원 모두가 함께 누릴reciprocal 수 있는 분배 시스템'이다.

누림의 경제의 주요 키워드는 '상생사회', '공동의 노력으로 얻은 혜택', '분배를 통한 누림'이다.

상생사회를 만드는 소셜임팩트Social Impact는 혁신적인 아이디어로 사회 시스템에 긍정적인 변화를 미치는 활동이다. 소셜임팩트 프로젝트를 통해 공공 영역과 민간 영역이 구조적으로 관여하지 못하지만 사회적 갈등 요인으로 사회통합이 필요한 영역(이하 사회통합 영역)의 문제 해결을 우선적으로 한다.

'공동의 노력'이란 다수의 참여를 통해 '규모의 경제'를 이루기 위한 노력을 의미한다. 우리는 금 모으기 운동, 공동구매 등을 통해 다수의 참여로 얼마나 큰 '규모의 경제'를 이룰 수 있는지 체감한 적이 있다. 크립토 재단들이 ICO를 통해 자금을 모금하는 것은 공동의 노력을 하는 과정이다. '참여한 이들'은 코인을 구매하고, 프로젝트를 홍보하며, 투표에 참가한다. 프로젝트 참여자들에게 주어지는 혜택을 수혜받기도 하고, 참여로 경제적 이익을 얻기도 한다. 소셜임팩트 프로젝트에 참여하는 크립토보우터Crypto Voter를 말한다. 소셜임팩트 프로젝트에 참여하는 방식은 적극적 기부 방식이다. 프로젝트에 따라 크립토재단에 기부를 하고 받게 되는 암호화폐를 기준으로 적극적인 투표 행위를 네트워크상에서 하게 된다. 프로젝트 운영진 투표, 프로젝트의 실행 여부뿐만 아니라 암호화폐의 교환Swapping, 매각 행위 모두를 참여 행위로 볼 수 있다.

공동의 노력으로 생긴 '공동의 이익'은 소셜임팩트 프로젝트의 성과물이다. 이 성과는 참가자와 사회구성원 모두에게 형평성 있게 나눠져야 한다. 호혜의 원칙이 필요하다. 호혜의 원칙을 수행하기 위해서는 사회적 경제성과 사회적 형평성을 고려해야 한다.

사회적 경제성은 사회통합이 필요한 영역의 방치로 인해 발생할 수 있는 사회적 손실을 줄이는 것을 목표로 한다. 사회의 안전을 담당하는 소방관, 경찰관, 환경미화원 등이 업무에 집중할 수 있도록 한다면 상당한 사회적 비용을 줄일 수 있다. 이국종코인으로 최적의 응급외상 환자 치료 시스템을 구축함으로써 환자와 가족의 고통, 사망으로 인한 사회적 손실을 줄여준다. 사회적 갈등을 예방함으로써 사회적 손실을 줄이는 것도 사회적 경제성을 높이는 것이다. 화재, 보안, 노사 문제, 계층 갈등, 소시오패스, 정경유착, 횡령 비리 등은 눈에 보이지 않는 사회적 비용들이다. 누림의 경제는 사회적 경제성 극대화를 위하여 소셜임팩트 프로젝트의 이익을 사회적 비용을 줄이는 데 집중한다. 또한 수익성과 효율성을 중시하는 민간(금융) 영역이 미치지 못하는 부분을 보완한다.

사회적 형평성은 정치적인 결정, 다수결의 결정, 평등에 의한 결정과는 다른 누림의 경제의 분배 기준이다. 모두에게 누릴 수 있는 기회를 제공하되 평등보다는 형평에 가치를 둔다. 사전에 사회적 합의에 의해 동의된 배분 기준을 이행한다. 예를 들어 이국종코인으로 첫 응급외상센터가 설립된다. 어떤 기준으로 센터를 설치할 것인가, 참여한 코인이 코노미스트들에게 어떤 혜택을 줄 것인가를 미리 정하고, 동의를 받는다. 사회적 형평성은 사전에 사회적 합의를 통해 기준을 정하고, 합의한 그대로 수행하는 과정을 거친다. 크립토 백서White Paper 는 사회적 형평성의 정당성을 확보하기 위한 대표적인 절차다.

암호화폐의 역할

사회적 경제성을 통해 공동의 이익을 다 함께 누리기 위해서는 탈금융을 위한 매개체가 필요하다. 지금으로서는 암호화폐가 최선이다. 암호화폐는 다중적인 성향을 가지고 있기 때문이다. 물론 암호화폐라는 용어에 대한 거부감이 있을 수 있다. 그러나 암호화폐의 경이로움을 알고 나면 선입견과 거부감은 곧 사라질 것이다. 암호화폐는 수익성과 효율성을 중요시하는 '민간 영역'과 공공성과 형평성을 중요시하는 '공공 영역'이 해결할 수 없는 사각지대, 즉 '사회통합 영역'을 해결할 수 있는 경이로운 매개체다.

다만 용어가 너무 생소하고, 정보공학 기반으로 만들어져 개발과 관련한 이해가 필요하다. 더불어 금융공학적인 요소가 가미되어 있다. 공모주, 주식, 보험 등의 금융 프로그램 성격이 복합적으로 섞여 있는 것이다. 아직 무한한 발전을 하고 있어 정의를 내리기가 쉽지 않다. 언론에서는 사회적 문제점만 부각한다. 솔직히 언론도 암호화폐의 정체를 제대로 모른다. 금융을 포함한 기득권 세력은 규제와 통제에만 관심이 있다.

그러나 한 가지 중요한 점은 그들이 긴장하고 있다는 점이다. 이행기적 징후, 혹은 전환기적 현상이 나타나고 있기 때문이다. 한 시대를 관통해 온 주류적 질서가 다른 질서에 의해 대체되는 과정에서 나타나는 독특하고 특이한 사건들 말이다. 구질서의 논리와 체계로는 이해하기 어려운 특별한 주장과 운동 그리고 결과물들이 이행기적 징후에 해당한다. 기술산업혁명(농업혁명, 기계혁명, 디지털혁명) 시기에 나타났던 현상이다.

금융자본주의에서 크립토 자본주의로 전환하는 이행기적 징후가 바로 '공유경제'다. 공유경제는 금융의 탐욕스러움이 사회문제화되자 CSR, CSV, 기부 등을 통한 나눔의 방안을 제시한다. 소득의 분배에 대한 대안을 제시하면서 탄생한 것이다. 분배에 대한 대안보다 소득의 공정성을 먼저 내세웠다면 금융과 기득권의 집중포화를 맞고 사망했거나 이단아 취급을 받고 소멸했을 것이다.

금융자본주의의 소멸 징후로 나타난 공유경제는 사회적 문제를 야기한 금융의 탐욕으로 인한 문제들을 해결하지 못했다. 이후 공유경제마저 한계점을 보이기 시작한다. 공유 플랫폼이 거대해지고 상업화되면서 공유경제의 근간인 나눔의 철학마저 붕괴된다. 아마도 공유경제는 우주선에 비유하면 크립토 경제를 완성하기 위한 1단 로켓 역할을 하고 소멸하는 운명인 듯하다.

소득에 있어서는 금융 시스템을 그대로 안고 있던 공유경제를 거쳐 소득과 분배 모두에 완전히 새로운 개념이 도입되는 경제가 탄생한다. 바로 크립토 경제다. 따라서 암호화폐와 블록체인, 그리고 누림의 철학은 크립토 경제의 핵심 요소다.

크립토 경제는 누림의 사회철학을 만나게 됨으로써 완전한 꽃을 피울 것이다. 블록체인이라는 정보공학 기반으로 설계된 크립토 경제는 암호화폐라는 금융공학적 요소와 결합되어 사회적 관심을 받기 시작했다. 이제 누림의 철학을 기반으로 한 사회공학적 요소까지 결합되면서 크립토 경제는 새로운 세상을 열고 있다. 누림의 철학이 크립토와 결합됨으

근세 경제 발전 형태

	금융경제	공유경제	크립토 경제
소유 방식	금융	금융	크립토(암호화폐)
분배 방식	자유주의 철학	나눔의 철학	누림의 철학

로써 그 시기가 상당히 앞당겨질 것이다.

우리는 이미 탐욕스러운 금융에 저항하면서 공동구매, 직거래 등을 통해 탈금융화에 대한 경험치를 쌓아왔다. 공유사회의 경험을 통하여 분배의 정의에 대해서도 학습해 왔다. 크립토 경제는 그간 우리가 기울여왔던 탈금융 노력의 산물이다. 외계에서 떨어진 외계생물이 아니다. 암호화폐에 대한 이질감과 거부감은 주류적 질서가 다른 질서에 의해 대체되는 과정에서 나오는 이행적 징후일 뿐이다. 이제 받아들이자. 크립토의 경이로움을 말이다.

그럼 어디서부터 시작해야 할까?

우리가 가장 먼저 해야 할 일은 '암호화폐가 무엇인지' 알고자 하지 말고, '암호화폐가 사회를 어떻게 바꿀 수 있을 것인가'를 찾아내는 것이다.

용어 정리:크립토

새로운 경제적 패러다임이 도래할 때 기존 기득권 세력들이 가장 공격하기 쉬운 개념이 바로 용어다. 새로운 패러다임에 맞는 용어가 부족하다 보니 비슷한 개념을 차용하게 된다. 이것이 오해를 불러일으킨다.

처음에는 전자화폐에서 암호화폐로 공식 용어가 바뀌었다. 그러나 지금은 전자자산으로 바꾸려는 시도도 있다. 사회적 합의만 있다면 어떠한 용어를 사용하든 상관없다. 그러나 암호화폐에는 금, 화폐, 기축통화, 감사의 표시, 전자화폐, 적립 포인트, 타임뱅크, 공모주, 벤처 투자, 주식 등의 성격이 녹아든 새로운 개념의 용어가 필요하다. 화폐나 자산이라는 기존 금융 용어를 사용함으로써 오히려 많은 혼돈을 초래하고 있다. 암호화폐 비즈니스를 한다고 하면 '그게 무슨 돈이냐', '화폐로서의 가치가 있느냐'라고 가장 많이 반문하는 이유다. 암호화폐를 인생 역전의 기회인 것처럼 유혹하는 이유도 여기에 있으며, 크립토신용장을 꼭 은행에서 발행하는 신용장 개념에 욱여넣으려는 시도도 기존 금융 용어를 차용하는 데서 오는 문제다.

이 혼란을 줄이기 위해 '암호화폐'를 이후에는 '크립토'로 칭하기로 한다. 금융의 다양한 특장점을 취합하여 사회공학, 정보공학, 금융공학적인 융복합 기법으로 탄생하게 된 새로운 패러다임의 경제 용어를 기존의 특정 금융 용어로 한정할 수 없기 때문이다.

- 크립토프로젝트 : 크립토를 통해 상생사회를 목표로 누림의 경제를 실천하려는 소셜임팩트Social Impact로 설계된 프로젝트
- 크립토비즈니스 : 크립토프로젝트의 사업화를 수행하는 업무
- 크립토재단 : 크립토비즈니스를 수행하는 주체

- 크립토이코노미스트 : 크립토비즈니스를 설계, 운영, 관리하는 경제인

- 크립토보우터 : 크립토프로젝트에 적극적으로 참여하는 참여자

- 크립토랜드 : 크립토를 자유롭게 조성, 거래할 수 있는 곳

- 크립토팔이 : 크립토를 싸게 사들여 비싸게 일반인을 대상으로 파는 중개업자

- 크립토신용장 : 크립토와 블록체인을 활용하여 기존 은행의 신용장을 대체할 수 있는 신개념의 무역 중개 솔루션

기타 크립토에 적합한 용어의 탄생은 여러분의 몫이다.

암호화폐가 사회를 어떻게 바꿀 수 있을까?

크립토를 기축통화의 대체나 금융투기의 대상 정도로만 알고 있다면 큰 오해다. 크립토가 만들어갈 세상은 무궁무진하다. 특히 크립토비즈니스는 공공성과 평등을 중요시하는 공공 영역과 수익성과 효율성을 중요시하는 민간 영역이 감당하기 어려운 사각지대인 사회통합 영역을 해결할 수 있다. 사회통합 영역은 유지비가 높아 수익성이 낮거나 공공 예산의 우선순위에서 밀리는 분야다. 그러나 국가, 민족, 사회에서 지속적인 관심이 필요한 분야로 안전, 보건의료, 전통, 예술 분야 등에서 쉽

게 찾을 수 있다. 소방관들은 위험성으로 인해 보험사에서 보험 가입이 거절되는 경우가 많다고 한다. 국내 보험사들의 당기순이익은 연 20조 원에 달하는데도 말이다. 보이지 않는 곳에서 사회의 안전과 지속 가능 성을 높여주는 군인, 경찰, 소방관, 환경미화원, 원자력발전소 근무자들 이 업무에 집중함으로써 우리 사회가 얻을 수 있는 사회적 경제성은 크 립토가 해결할 수 있는 사회통합 영역이다.

사회통합 영역에서 예산과 운영은 사회적 자본이 담당한다. 서로를 이롭게 하는 관계와 구조를 위해서 사회적 자본이 형성된다. 사회적 자 본은 참여자 스스로도 혜택을 누릴 수 있으면서 사회통합을 목적으로

금융과 크립토의 목표

금융
수익을
목적으로 한 행위

크립토
누림을
목적으로 한 행위

주주 소득의 증가

국민 실질소득의 증가

한다. 더불어 참여자는 만족감과 긍정적 정서를 경험할 수 있다. 사회적 자본의 모집을 위해 사회통합 목표와 금융적 동기부여, 기술적 안전성을 통합해 모델링한 것이 바로 '크립토비즈니스'다.

사회통합 영역을 해결할 수 있도록 설계한 크립토비즈니스 모델들을 살펴보자.

사회통합 영역

사회통합은 사회 속의 개인들이 서로 신뢰와 배려를 갖고 협력적 관계를 맺어 자신이 속한 사회의 공동체에 참여하며 질서와 안정을 유지해 가는 과정이자 상태이다. 통합된 사회에서 개인 및 조직 간에는 서로를 이롭게 하는 관계와 구조를 일컫는 사회적 자본이 형성된다. 또한 통합된 사회에서 살아가는 개인들은 만족감과 긍정적 정서를 경험하며, 다른 사람들에 대해서도 관용과 존중을 하고 갈등이나 대립보다는 상호 인정과 협력을 위해 노력한다.

출처 : 〈한국의 사회동향 2017〉〈연세대학교 한준〉

크립토신용장 coin

북한은 이제껏 숨겨진 국가였다. 그러나 지금 북한의 개혁개방 속도는 상상을 초월한다. 핵을 포기하고, 경제를 살려 국제사회의 일원이 되겠다는 의지가 세계에 알려지고 있다.

그러나 북핵 문제가 해결되어 유엔 등 국제사회의 대북 제재가 해제된다 하더라도 현실적인 문제들이 남아 있다. 대북 투자 이후 지속 가능성과 회수 가능성은 물음표 상태다. 언제까지 지속적인 개혁개방을 할 것이며, 투자자의 자산을 어떻게 보호해 줄 것인지, 신용도나 국제통용화폐가 없는데 투자의 대가를 어떻게 지불할 것인가에 대한 명확한 해답이 아직 없다. 국제무역이나 해외투자를 유치하였을 때 줄 수 있는 그 무엇이 없다. 이러한 불확실성으로 인해 민간기업이나 금융이 직접 투자하는 데는 한계가 있다. 이미 현대그룹의 금강산관광사업이나 개성공단 폐쇄 등을 경험한 바 있다. 대북경제협력사업은 사회통합 영역인 셈이다. 따라서 금융을 대신하여 크립토로 설계해 보았다.

누림경제코인Noorim Kyeong-je Coin(이하 가칭 NK코인)은 소셜임팩트가 명확하다. 바로 신용도가 낮은 개도국이나 제3세계 국가와의 무역 코인이다. NK프로젝트 목표 모금액은 2500억 원이다. 모인 자금으로 북한을 비롯한 제3국가들과의 무역을 수행하게 된다. NK코인재단은 NK코인 제너시스, NK코인 보유자들의 신용 공유로 프로젝트별 무역을 수행하게 된다. 은행의 신용장 개념과는 전혀 다른 개념의 크립토보우팅을 통한 사회통합 프로젝트다.

NK제너시스들로부터 모금한 크립토보증서들을 모아 크립토신용장을 발급하는 업무는 'NoorimK플랫폼'이 맡게 되며, 스마트컨트랙트 및

크립토보증서 발급을 통한 스마트 무역 프로세스

크립토비즈니스 공고
Cryptobiz Announcement
NoorimK플랫폼
(www.noorimk.com)

크립토보우팅
Crypto Voting
NK제너시스 대상

크립토스테이킹
Crypto Staking
크립토보우터 참여를
통한 크립토보증서 발급

크립토신용장 발행
Crypto L/C
NoorimK플랫폼

무역거래
NK Trading
기업-크립토재단-상대국(기업)

공유 혜택 분배
Crypto Air Drop
재단, 플랫폼,
크립토보우터

장부의 보관, 보증서 관리 등 안전거래를 위한 블록체인화를 꿈꾼다. 거래 기관 간 무역거래의 모든 거래 과정을 투명하게 블록체인에 보관하게 되는 것이다. 상대방과의 합의가 필수인 무역 계약과 거래 대금의 안정된 확보에 대하여 네트워크에 참여한 이들의 합의를 기본 개념으로 삼고 있는 블록체인은 최적의 조합이다. 네트워크 참여자 모두가 정보를 공유하므로 위·변조 방지도 수월하다.

크립토를 이용하면 새로운 개념의 신용장이 탄생된다. 바로 NK코인 블록체인의 핵심 키워드인 '크립토신용장'이다. 크립토신용장은 크립토보증서들이 목표 보증액을 채우면 자동으로 생성되어 발급된다.

기존의 무역신용장, Stand by L/C, 담보부채권, 기업어음의 장점을 통합한 새로운 개념의 블록체인상에서 사용 가능한 신용장이다. NoorimK플랫폼이 발행하는 크립토신용장은 은행 없이 블록체인상에서 납품과 결제 과정의 안전성을 확보한다.

기존 신용장 거래와 차별되는 점은 크립토신용장의 발급 주체가 구매처가 아니라는 점이다. 크립토신용장은 NK제너시스(NK코인을 보유하고 있는 소유자)들이 크립토보우팅을 통해 모여진 조각별 보증서들을 하나로 통합해 발급된다. 구매처가 신용장을 발급하는 것이 아니라 소셜임팩트 프로젝트의 사회적 경제성, 사회적 형평성 등을 고려한 합의에 참여하게 되는 크립토보우터들이 프로젝트를 믿고 자신이 보유한 NK코인을 담보로 보증서를 발급해 주는 것이다. 크라우드 펀드 형태와 유사하다.

이 코인을 이해하려면 블록체인 기술과 사회철학, 무역 및 금융적 지식이 필요하다. 코인의 원리보다는 NoorimK플랫폼이 사회에 기여할 수 있는, 우리가 그 혜택을 누릴 수 있는 경이로운 그 무엇을 찾는 것이 중요하다. NoorimK플랫폼은 개도국 등 신용이 부족한(Trust-less) 상대를 대상으로 신용 공유를 통해 거래를 성사시키고, 수익을 같이 누리게 할 수 있다. 더불어 수익은 없으나 사회를 변화시킬 목적의 공익 프로젝트도 추진이 가능한 플랫폼이기도 하다. 보험사도 금융사도 시민단체도 심지어 정부도 하기 힘든 일을 크립토재단에서 할 수 있는 것은 최대의 장점이다.

● NK코인 발행 개요

총 발행 규모: 3억NKC

총 기부 판매Sale 규모: 24만NKC, 재단 보유 6만NKC

발행 유형: 토큰Token NKC, NKW

발행가: USD1(변동 가능)

모금액 사용처: 개발/운영비 20%(블록체인 유지비 포함), 80% 무역거래

모금 계획:

구분(비율)	내역	금액 환산	비고
프라이빗세일 /프리세일(10%)	24,000,000NKC	US $16,800,000 (할인율 30%)	판매가 US $0.7
크라우드세일 (90%)	216,000,000NKC	US $2,160,000,000	ICO가 US $1
계	240,000,000NKC	US $232,800,000	

● 발행 일정

2018. 7. 남북 간 사업의향서 체결

2018. 9. NK코인 발행 협약 및 10대 민간투자 과제 도출

2018. 10. 가칭 (사)우리경제협력기업협회 설립 신청

2018. 12. 제3국 우리경제협력재단 설립 신청

2018. 12.~ (재단 설립 완료 시점) 토큰 발행 및 프라이빗세일

국제사회 금융제재 해제 시점 경협 개시

현역병공제코인

이찬호 예비역 병장 "K-9자주포 폭발, 진상 규명·보상 없어"

- SNS 근황, 큰 관심과 응원 보내주신 국민들께 감사해
- 전신화상 고통에 자살 생각도 했지만 움직일 수조차 없어 비참했
  던 기억
- 10년을 키워온 배우의 꿈 피워보지도 못하고 접어
- 치료비, 전역 후 6개월까지만 지원…장병들이 사비로 충당하는 현실
- 화상환자를 위한 기부 프로젝트와 사진전 기획하고 있어

오태훈 지난해 8월 K-9자주포 폭발 사고로 전신화상을 입은 예비역 병
장 기억하십니까? 어제 자신의 SNS에 이런 글을 올렸습니다. "흉
터는 상처를 극복했다는 이야기다." 군 생활은 늘 사고의 위험이

있고 훈련 중에 사고가 발생하면 국가로부터 정당한 처우를 받기 위해 피해자가 직접 뛰어다녀야 하는 기막힌 현실이 있죠. 오늘 시사본부에서 엄청난 고통과 억울함을 딛고 다시금 사회로 나아가려는 예비역 병장 이찬호 씨를 전화로 만나보겠습니다. 안녕하십니까?

이찬호 네, 안녕하십니까. 이찬호입니다.

오태훈 어제 올리신 사진은 어떤 것들이었고, 어떤 마음을 담아서 올렸는지 좀 소개해 주세요.

이찬호 뭘 의도하고 작정해서 올린 게 아니에요. 1년이 지난 사고인데, 잊혀질 법도 한데 이렇게 많은 관심을 받을지 몰랐어요. 사실 누구나 상처는 있고 그 상처가 잘 아물길 바라면서, 저도 사실 마음 고생, 몸 고생을 하면서 처음으로 올린 게시글이었거든요. 이렇게 뜨거운 반응일 줄 몰랐어요.

오태훈 지난해 철원 K-9자주포 사고의 참상을 모르시는 분들이 많이 계세요. 어떤 일들이 있었는지 설명을 좀 부탁드리겠습니다.

이찬호 작년 2017년 8월 18일 포탄 사격 훈련 도중에 세 번째 탄에서 기계 결함으로 화포 내부에 연기와 불꽃들이 들어와 바닥에 깔려 있는 남은 장약 3개를 급속 연소시키며 폭발한 사고가 났었어요. 그 장약 하나가 약 40킬로그램이 되고 탄을 40킬로미터를 날릴 수 있는 위력을 가지고 있거든요. 그런 게 3개가 터지고 40톤짜리 화포는 산산조각이 났고, 저는 그 불구덩이에서 그냥 기어나왔어요. 총 7명 중 3명이 사망하는 참혹한 사고였죠.

오태훈 동료 세 분이 사망을 했고, 이찬호 병장 포함해서 네 분이 큰 상처를 입었는데, 이 병장의 경우에는 상당히 심한 화상을 입은 것으로 알고 있습니다. 그동안 고통이라든가 절망감이 엄청났을 것 같은데요.

이찬호 사실 생존자 중에서는 제가 가장 많이 다쳤고 겨우 목숨만 건질 수 있었어요. 다른 분들은 빠른 회복으로 사회에 복귀한 상태고요. 저는 아직도 입원해 재활치료를 받으면서 수술을 몇 차례 앞두고 있고요. 그리고 또 화상은 다들 알다시피 극한의 고통을 동반하고 치료 과정 또한 길고 고되지 않습니까? 비용도 어마어마하게 많이 들고요. 그래서 절망감이 든 나머지 자살 생각밖에 안 들더라고요. 그게 너무 힘들었어요. 그런데 더 비참한 것은 움직일 수조차 없어서 그냥 멍하니 창문만 바라보는 거였죠. 자살을 할 수조차 없었다는 거예요.

오태훈 자살을 하려면 움직여야 하는데 움직일 수도 없는 상황이니까요.

이찬호 네, 정말 아이러니하게도.

오태훈 그런 마음 가지면 안 됩니다. 물론 그렇기 때문에 어제 그런 사진도 올리지 않았나 싶은데요. 사진을 제가 봤어요. 이런 말은 잘 안 씁니다만 남자니까 편하게 말씀드리면 참 인물이 훤하십니다.

이찬호 감사합니다.

오태훈 배우가 꿈이었다고요?

이찬호 네.

오태훈 그런데 배우가 꿈인 분이 화상을 입었다고 하면 그 심정이 어땠을까, 참 답답하네요.

이찬호 그 당시에 네발로 기어 나와서 소대장님께 처음으로 한 말이 기억이 나는데요. 제 얼굴 괜찮냐고 했어요. "얼굴 괜찮습니까?" 물어봤는데 물론 괜찮다고 울먹이시면서 말씀해 주셨거든요. 보이는 팔다리는 전투복이 눌어붙고 피가 나고 많이 훼손된 상태여서 대충 짐작은 했어요. 내 얼굴이 너무 아프고 감각조차 없는데다 볼 수가 없으니까 어떻게 된 줄 몰랐던 거고요. 병원에서 치료를 받는 동안 부모님들이 처음에는 거울을 잘 안 보여줬어요. 그러다 거울을 봤는데 '아, 앞으로 인생 힘들겠구나' 생각을 했죠. 삶의 욕구가 전혀 없었어요. 제가 10년을 키워온 꿈인데 피워보지도 못한 꽃이 된 거예요. 그리고 인생이 여러 번이 아니잖아요. 한 번뿐인 인생이 이렇게 끝나는구나, 하고 느꼈죠.

오태훈 이런 일이 일어나서는 안 되겠습니다만 또 이런 일이 일어날 수 있는데, 국가가 나서서 치료해 주고 보상금도 지급을 해야지 마땅한 거 아니겠습니까. 이 과정에서 더 상처받을 수밖에 없는 상황이 있었다면서요.

이찬호 네, 일단 저는 기절해 있어서 어떤 상황인지 몰랐어요. 부모님한테 들어보니까 아들을 나라에 맡긴 입장에서 부모님은 국가에서 해결할 줄 알았는데 부모님과 형은 정보를 찾기 위해 발로 뛰고 조사하고 다녀야만 했어요. 사고 직후에 바로 연락이 온 것도 아니고, 사고 몇 시간 후에 위급하다고 연락이 왔고요. 대처 매뉴얼이 미비한 거죠. 저는 또 치료비 문제로 군대를 연기했지만 연기신청도 6개월밖에 안 됩니다. 그리고 나라에서는 이중배상금지법 때문에 보상금을 받을 수가 전혀 없고요. 또 K-9자주포 제조업체인 한화에서는 기계 결함을 인정하지 않고 있으면서, 저한테 아무런 보상금도 주지 않았어요.

오태훈 지금까지도요?

이찬호 네.

오태훈 한 달에 600만 원 이상, 수백만 원의 치료비가 드는데 국가가 부담해 주지 않으니까 전역을 미룰 수밖에 없었다는 이야기를 들었거든요. 그러니까 전역 직전에 훈련하다가 다친 것 아니겠습니까?

이찬호 네, 그렇죠.

오태훈 그러면 여기서 발생한 치료비는 전역 후에도 꾸준히 지급해 주는 것이 당연한 일 아닐까요?

이찬호 정말 당연한 일이라고 생각해요. 저희가 힘든 일을 부탁하는 것도 아니고 당연한 일을 말하는 건데도, 개선되었다는 것이 전역 후 6개월밖에 지원이 안 된다는 겁니다. 외부 병원은 개인 사비로 부담해서 치료를 받아야 하고요. 전역 후에 보훈처로 넘어

가면 보훈병원에서만 치료를 받아야 되고요. 외부 병원은 위탁 승인이라는 과정과 절차를 밟아 허가가 떨어져야 지원을 받을 수 있거든요. 그런데도 많은 장병들은 개인 사비로 치료를 받고 있죠.

오태훈 그러면 이찬호 병장은 전역일을 얼마나 미루신 거예요?

이찬호 저는 한 달 정도 미뤘습니다. 치료비를 생각한다면 6개월 정도를 미룰 수 있었지만 저는 이런 부당한 일을 사회에 알려야 된다고 생각했고, 더 이상 제2의 피해자가, 제2의 이찬호가 발생하지 않았으면 하는 마음에서 치료비라는 리스크를 감수하고 좀 일찍 전역했어요. 왜냐하면 군 소속일 때는 지휘관의 허가가 필요하고 군법에 위배될 수 있어서 방송에 나올 수조차 없어요. 군대라는 폐쇄적인 조직에서는 알릴 기회가 없었던 거죠.

오태훈 지난해 철원에서 있었던 K-9자주포 사고의 당사자인 이찬호 씨와 함께 말씀을 나누고 있는데요. 지난해 이찬호 병장의 처지를 안타까워하는 분들이 청와대 청원을 올렸고 순식간에 20만 명을 넘겼습니다. 정당한 치료와 국가유공자 지정을 국민들이 요구했고요. 국가가 미루는 일을 시민들이 도와줬다는 점에서 참 고마운 마음도 있을 것 같은데, 어떠셨어요?

이찬호 너무 감사드려요. 다들 남 일 같지 않게 생각해 주시고 그게 저한테 느껴졌어요. 저뿐만 아니라 군대에서 이런 사건 사고들이 비일비재하게 일어나지만 항상 묻혀왔기에 국민청원을 통해 관심을 많이 가져주신 것 같아요. 사실 저 혼자서는 해결할 수 없는 일이었는데 1년이 지난 지금까지도 기억해 주신다는 데 정말 감사드리죠.

오태훈 국가가 나 몰라라 한 일을 국민들이 나서서 혼내 준 거예요. 그렇게 생각이 드는데 우선 지금은 어떤 상황인지, 좀 구체적인 상황을 듣고 싶은데 화상치료라든가 경제적인 어려움 같은 것들은 없는지도 좀 알려주시죠.

이찬호 지금 병원에 입원해서 재활치료 중이고요. 추후 수술을 기다리고 있는 상태입니다. 그런데 지금은 화상 환자들끼리 서로 이해하면서 살아가고 있는데 제가 과연 현실에 놓이면 어떤 직업을 가지고 돈을 벌 수 있을지 걱정이 많이 되죠. 저는 아직 스물다섯 살밖에 안 됐고 결혼도 해야 하고 안정적인 직업도 가져야 되는데 막막하죠. 그런 걸 생각한다면.

오태훈 앞서서 치료비를 생각한다고 하면 전역을 많이 미뤄야 되겠지만 사회에 알리고 더 이상 나와 같은 사람이 발생하지 않았으면 하는 마음에서 일찍 전역을 했다고 하셨는데, 앞으로 더 나아가서 화상환자를 위한 사회활동을 펼칠 예정이라고 들었어요.

이찬호 네. 저는 한 번도 편하게 치료를 받은 적 없이 이런저런 일로 엄청난 스트레스를 받았어요. 하지만 많은 분들이 응원과 관심을 가져주셨기에 힘을 낼 수가 있었고요. 저는 그냥 자연스럽게 받은 사랑을 베풀고자 기부와 복지에 많은 관심을 가지게 되었어요. 현재 몸이 좋지 않아 발로 뛸 수는 없어서 기부 프로젝트라든지 화상환자들의 사진전을 기획 중에 있어요. 그리고 또 건강을 되찾으면 봉사활동을 할 계획이에요.

오태훈 이번 일을 겪으면서 참 많은 것을 느끼신 것 같아요. 나라, 국가에게, 아니면 또 많은 도움을 주신 시민들께 한말씀 해주시죠.

이찬호 일단 너무 감사드립니다. 그렇지만 아직 해결된 게 하나도 없습니다. 진상 규명도, 책임도, 처벌도, 어떠한 보상도. 아직도 자주포는 사용되고 있으며 해외로 수출되고 있습니다. 이 시대의 미래를 짊어질 꿈 많은 청춘들이 나라를 위해 아무런 대가 없이 의무를 다하고 있습니다. 그리고 저희는 소모품이 아닙니다. 많은 걸 바라는 것이 아니라 당연한 걸 바라는 겁니다. 선진국인 만큼 바뀌어야 된다고 생각하고 있고요. 그리고 국민들에게 하고 싶은

말은 1년이 지났는데도 많은 관심과 잊지 않고 응원해 주시는 시
민분들께 정말 다시 한번 감사의 말씀을 드리고 싶어요.

오태훈 저도 이찬호 병장 많이 응원하고요. 그리고 이후에 건강 완쾌돼
서 사진전 일정 같은 것들이 정해지면 저희 스튜디오에서 직접
뵙고 여러 가지 말씀 좀 나누겠습니다. 저희도 많이 알리겠고요.

이찬호 네, 감사합니다.

오태훈 오늘 말씀 고맙습니다.

이찬호 네, 감사합니다.

오태훈 철원 K-9자주포 사고의 고통을 딛고 화상환자들의 처우 개선을
위해 노력하고 있습니다. 예비역 병장 이찬호 씨였습니다.

출처 : KBS 〈오태훈의 시사본부〉(2018. 10. 25)

지인의 아들이 최근 논산훈련소에 입소했다. 훈련소 입소와 동시에
가족들에게는 더캠프라는 앱이 소개되었다. 더캠프 앱에는 훈련병의 일
과, 사진, 모바일 편지 보내기, 가족과의 커뮤니티, 상사들의 연락처 등이
올려져 있다. 한마디로 스마트 군대다. 병장 월급이 40만 원에 달한다.

친구나 쌍둥이 등과 동반 입대를 할 수도 있다. 누가 봐도 객관적이고 투명한 시스템으로 자대 배치를 받는다. 국가인권위원회가 설립되어 군의 인권 혁신을 주도하고 있다. 국가 조직의 한계성으로 인해 부족한 부분은 인권운동단체인 '군인권센터'에서 메워주고 있다. 예비 입영자 인권학교를 개설하고, 사이버 상담, 서명운동 등으로 군의 인권을 위해 노력하고 있다.

그렇다면 이제 우리 자녀들을 마음놓고 군대에 보낼 수 있게 되었는가? 그들이 훈련 중 다치더라도 최고의 의료기술로 치료받을 수 있는가? 전역 후에도 사회생활을 하는 데 전혀 문제없도록 국가에서 끝까지 책임지고 있는가? 입대하는 청년들도, 보내는 부모 입장에서도 잠시의 이별 외에 다른 걱정은 없도록 정말 스마트한 군대가 되었는가?

국가와 군의 노력에도 불구하고 가장 해결되지 않은 분야가 있다. 바로 국가를 지키다 상해를 입은 군인들의 처우 문제다. 특히 의무 징집에 의해 군에 들어간 일반 병사들에 대한 국가의 처우는 상상하기 힘들 정도로 열악하다.

위 기사만 보더라도 훈련 중 폭발 사고에 의해 상해를 입었는데도 본인이 치료비를 물어야 하고 법정 투쟁을 해야 한다. 자비로 해결해야 할 부분이 많아 가족들이 사방팔방 뛰어다니느라 몸과 마음이 다치고 일상생활조차 제대로 할 수 없다. 군에서 자녀가 다치면 가족 전체가 위태로워지고, 부조리한 사회 시스템에 저항하다 사회운동에 투신하기도 한다. 무정부주의자나 이민을 가지 않으면 다행이다. 대외적으로는 스마트한 군대이지만 깊숙이 들여다보면 군 시스템은 열악하기 그지없다.

그렇다고 거대한 60만 대군을 거느리고 있는 정부 탓만 할 수 있겠는가? 부조리한 시스템을 고치는 데 시간이 필요하고 법과 예산이 받쳐줘야 할 것이다. 정부에서는 현실적으로 엄청난 예산이 들어가야 한다고 생각할지 모른다. 예산을 확보하고, 시스템이 갖춰져 있다 하더라도 일반 보험회사가 그렇듯이 청구하면 각종 트집을 잡는다거나, 절차와 과정이 복잡하여 활용이 어려울 가능성이 매우 높다. 공공 영역은 형평성과 투명성을 우선시하기 때문이다.

그렇다고 손 놓고 있자니 제2, 제3의 이찬호 예비역 병장이 나타날 것이고, 20만 명이 넘는 청와대 청원은 시간이 지나면 잊혀질 것이다. 다시 한번 큰 사고가 날 때까지 말이다. 대중들은 바뀌지 않는 사회 시스템에 다시 한번 실망과 좌절을 느끼게 된다. 그사이 가뜩이나 입영으로 스트레스가 많은 청년들과 자식들을 군에 보내야 하는 부모는 불안감을 떨칠 수 없다.

이제 대중주도 민주주의Crowd-Based Democracy의 힘을 보여줄 때다. 군에서 일어나는 각종 사고에 적극적으로 대처할 수 있는 '현역병공제코인(솔저코인)'의 발행이다. 현역병공제협력재단이 발행하는 솔저코인은 일반병 약 50만 명이 가입하는 공제회 개념의 코인이다. 군인 1인당 5만 원의 코인을 구매하면 재단에 가입할 수 있다. 목표 모금액은 250억 원이다. 매년 20만 명이 입영할 때마다 추가로 코인이 발행되고, 100억 원씩 추가로 모금하게 된다. 군 복무 중 전치 10주 이상의 상해를 입으면 재단에 지원을 요청할 수 있다. 재단은 우선 민간병원 치료비, 법률 지원비를 제공한다. 1인당 1천만 원 이상의 비용이 지불될 때는 코인을 보유한 이들의 동의Crypto Voting를 통해 결정하게 된다. 이후 지급된 비용은 국가에 청구할 수도 있고, 원인을 제공한 방산업체를 대상으로 구상권을 청구할 수 있다.

우선 치료를 지원함으로써 다친 병사의 몸과 마음을 안정시켜주고, 법적 행정적 처리까지 대신해 준다. 비용 청구에 대해 보험사처럼 색안경을 끼지도 않는다. 군 복무 중 상해를 입었다는 것이 증명되면 개인에게 비용 청구가 들어올 것을 두려워하지 않아도 된다. 소진형 코인이기 때문이다.

코인이 발행된 이후 제2의 이찬호 예비역 병장과 같은 상해자가 나온다면 재단에서는 우선 민간 치료비와 후유증 치료비를 지원한다. 물론 소송 등 법률적 지원도 동시에 하게 된다. 1인당 10억 원의 비용이 든다 하더라도 재단은 코인 보유자들의 투표Aid Crypto Voting만 통과된다면 지원할 수 있다. 구상권을 청구하여 재단이 투입한 이상의 비용이 합의금이나 치료비로 나왔다면 상해 군인에게 재단이 제공한 치료비와 법률지원비를 제외한 나머지는 해당 병사에게 돌아가는 시스템이다. 구상권 청구에 실패했다 하더라도 재단은 특별한 경우를 제외하고는 해당 병사에게 비용을 청구하지 않는다.

반면 재단도 모인 자금의 활용에 대한 부담이 적다. 재단이 기업에게 기부를 받을 수는 있겠지만 다른 공제회처럼 건설 시행이나 골프장을 구입하는 데 투자하지도, 금융상품에 투자해 자금을 불리는 과정에서 비리를 저지르지도 않는다. 재단 운영진은 군의 낙하산 인사와도 무관하다. 재단의 인사와 60만 명의 현역 군인들을 위해 사용되는 재단의 자금이 투표나 블록체인 분산장부의 공개 등을 통해 투명하게 사용되기 때문이다. 설령 모금액이 모두 소진된다 하더라도 문제될 것이 없다.

제대 후에도 본인 또는 가족들은 코인을 계속 보유하면서 투표에 참여할 수 있다. 딱한 사정이 있는 병사들을 지원하는 데 동의할 수도 있고 추가로 기부할 수도 있다. 솔저코인을 보유함으로써 비록 남의 자식 얘기지만 사건이 터질 때마다 울분을 토하며 청와대 게시판에 청원을 올리는 참여민주주의Participatory Democracy에서 한 발 더 나아가 대중이 사회 부조리를 해결하는 데 중심이 되는 대중주도 민주주의가 가능하다는 것을 보여줄 수 있다.

물론 왜 국가가 해야 할 일을 국민들이 해야 하는가, 하고 반문하는 사람들도 있을 것이다. 그러나 솔저코인은 숭례문이 불탔을 때 국민의 성금으로 재건하자고 섣불리 외쳐 비난을 받았던 정치인과는 접근 방법이 다르다. 회색지대, 즉 사회적 합의가 필요하고, 사회적 통합이 필요한 영역은 항상 우리 주위에 존재한다. 그렇다고 국회와 정부만 바라보고 손 놓고 있을 수 없다. 우리 후세들에게까지 짐을 지울 수도 없다. 특히 군 문제는 이제까지 정부에게 맡기고 기다려왔다. 그러나 대중주도 민주주의에서는 능동적으로 일어서자. 부상당한 긴급 환자는 우선 살리고 봐야 한다. 적극적으로 사회 부조리를 개선하자는 것이다.

정부를 못 믿겠다는 것이 아니다. 다만 사회 시스템이 우리가 희망하는 수준으로 발전할 때까지 정부와의 속도 차이를 메워보자는 것이다. 이러한 노력이 있어야 적극적인 입법과 예산 확보가 가능하게 된다. 현역병공제회를 정부 주도하에 운영하자는 주장도 나올 법하다. 그러나 각종 공제회의 운영 상황을 봤을 때 같은 실수를 반복할 필요는 없다. 크립토 경제 시대에는 투명하고 민주적인 새로운 운영 형태의 공제 시스템 설계가 가능하다. 굳이 불투명하게 운영되는 과거 제도를 답습할 필요가 없는 것이다. 민간 보험사에서 현역병을 위한 보험상품을 내놓으면 좋겠지만 보험사는 주주를 위해 흑자를 남겨야 하고 보험청구 규약도 까다롭다. 민간 금융의 한계성은 분명 존재한다. 정부에서 시스템과 법을 바꾸고, 예산을 증액해서 현역병공제회 성격의 재단과 솔저코인이 필요 없을 때까지 우선 행동하면 된다.

솔저코인은 아직 중기부의 액셀러레이터인 ㈜하이퍼텍스트메이커스에서 크립토 비즈니스 모델로 검토 중인 아이디어 차원이다. 참여 플랫폼의 설계와 투표 시스템, 운영 지침 및 지원 범위 등에 관한 백서를 작성하고, 실정법과의 마찰 등의 문제점을 해결한다면, 크립토가 세상을 바꾸는 또 하나의 첫발을 내딛게 될 것이 확실하다.

한우코인

축산펀드는 반값에 한우를 생산할 수 있었다. 그러나 금융의 벽에 가로막혀 반값에 소비자에게 공급되지는 못했다. 원가절감액만큼 투자자의 수익이 높아졌을 뿐이다.

크립토재단을 통해 반값 축산펀드가 가능하다. 모금된 금액만큼 송아지와 사료를 대량 매입한다. 2년 후 한우 성우(성장한 소)가 출하되면 소비자에게 반값으로 쇠고기를 공급한다. 재단 수익의 50퍼센트는 코인을 보유한(프로젝트에 참여한) 생태계 참여자에게 환원된다. 10년간 지속적으로 확대될 경우 반값 한우로 공급이 가능하다. 암소펀드로 송아지 구입비를 제로(0)에 가깝게 만들 수 있다. 2년치 사료 가격을 선지급함으로써 저렴하고 안정된 가격으로 사료를 납품받을 수 있다.

향후 한우뿐만 아니라 돼지, 양, 염소, 닭으로 확대도 가능하다.

한우펀드 개요

**6개월령
송아지 매입**

2년간 위탁 사육
2006년부터 7호 한우펀드 운용 완료

- 숫소(거세우)펀드, 암소펀드, 육우펀드, 젖소펀드 조성 가능
- 펀드 운용 기간은 2년
- **장점** – 대량 위탁 사육으로 원가 절감
- 전염병에 과학적으로 철저히 대비할 수 있음
- 출하 후 부산물 및 가공식품 판매를 통한 부가가치 확대 가능
- 위탁 사육 농가의 수입 확대(두당 100만 원 위탁+장려금)
  : 2000두 사육 시 2년간 20억 원의 위탁수수료 발생
  : 자체 생산 조사료 판매수익 추가

해양데이터코인

인도네시아에서는 2005년 쓰나미로 인해 15만 명 이상의 사망자가 발생했다. 2018년 9월 지진으로 발생한 쓰나미로 1천여 명의 사망자가 또 발생한다. 수심 변화와 파고 높이를 알려주는 부이를 원근해에 설치하여 데이터를 받는다면 쓰나미 피해를 예방할 수 있다. 그러나 대당 5천

만 원에 연간 유지비가 대당 3천만 원이 드는 부이를 언제 다시 올지도 모르는 위험에 대비하여 그 넓은 바다에 수백 개씩 설치할 수 없는 것이 현실이다. 바로 민간과 공공이 진입하기 어려운 회색지대다. 어느 투자자, 어느 펀드도 투자할 수 없으며, 국제기구의 원조 프로그램에도 넣기가 어려운 부담스러운 부분이다. 관련 해양기술을 보유하고 있는 한국도 예산 문제로 60여 대밖에 설치하지 못하고 있다. 내해와 외해 포함 500여 대가 필요한데도 말이다. 그나마 한국의 어느 기업이 500만 원대로 부이 가격과 유지비를 각각 최소화하는 스마트부이를 개발하여 보급하고 있는 상황이다.

스마트부이 보급 프로젝트는 소셜임팩트가 확실한 사업이다. 따라서 이것을 금융을 제외한 크립토로 설계해 보았다. 해당 프로젝트로 200억 원 규모의 스마트부이코인을 발행한다. 전 세계 바다를 대상으로 특히 쓰나미 가능성이 높은 국가의 원근해를 중심으로 200억 원, 2천대 규모의 고정형 및 표류형 소형 스마트부이를 보급한다. 2천 대의 스마트부이가 쓰나미를 미리 예측할 수 있는 수심 변화 데이터를 10분 단위로 크립토재단의 중앙관제실에 제공한다. 그 외 파고 높이, 해류의 방향, 해류의 온도, 날씨, 바람 세기 및 방향, 혼탁도 등의 데이터를 수집한다. 이 데이터는 해역을 지나는 이들(선장)과 선박들에게 유료로 공급된다. 월 100달러(스마트부이코인) 정도의 저렴한 가격으로 스마트부이코인을 구입하면 그들의 생명과 생업, 즉 항해와 어업에 큰 이익을 얻게 될 것이다. 해류 방향이나 수온, 기온, 기상 변화 등은 물고기의 이동 경로와 매

스마트부이

스마트부이 배치 개념도

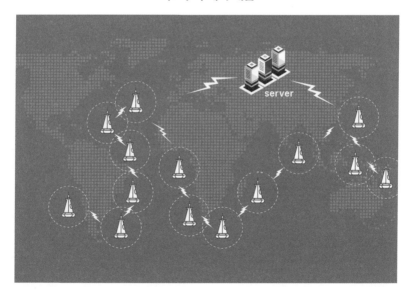

우 연관이 높을 뿐만 아니라 태풍 등 기후에 대한 정보는 목숨값이기에 월 100달러의 가치를 비싸다고 보기 어렵다.

스마트부이코인은 기부에 참여한 이들과 항해를 하는 전 세계인들의 안전과 생업을 위하여 사용된다. 이를 통해 얻은 수익금은 스마트부이를 전 세계 바다에 보급할 수 있도록 초기에 기부에 참여해 준 크립토 제너시스들에게 나눠질 것이다.

암호화폐가 할 수 있는 일

'하나님은 존재하는가?'는 영원한 논쟁 대상인 명제이다. 신의 존재를 믿는 사람과 믿지 않는 사람의 논쟁은 끝이 없다. 신은 눈에 보이지 않기 때문이다. 그러나 아이러니하게도 이런 논쟁에 적극적으로 참여하는 무신론자는 신의 존재를 인지하고 있는 사람이다. 다만, 보지 못해 궁금하고, 유신론자가 이를 증명해 주기를 바라기 때문에 모르는 척하고, 강하게 거부하여 상대를 자극하고 공격한다. 목사와 승려가 만나면 서로 전도나 포교를 하지 않는다. 신을 인정하고 있기에 논쟁의 대상이 될 수 없기 때문이다.

크립토 논쟁에 참여하여 궁금해하는 사람들도 있지만 아직까지 크립토를 의심의 눈초리로 바라보고 있다. 강하게 거부하는 사람들은 다음과 같은 부정적인 주장을 한다.

'금본위제를 대체하기에는 불가능하다.'

'달러화를 대체하는 것은 현실적으로 불가능하다.'

'다단계로 판매되어 시장이 교란되고 있다.'

'탈중앙화는 국가의 기반을 흔들 수 있다.'

'너무 많은 코인이 크립토 시장을 망가트릴 것이다.'

'코인의 95퍼센트 이상이 사기성 코인이다.'

'젊은 세대들이 의미 없는 형상을 만들어놓고 외치는 투기 행위일 뿐이다.'

'시장이 확대될수록 통제가 어려운 위험성 있는 사업이다.'

'각국의 규제로 인해 발전에는 한계가 있을 것이다.'

정부 당국이나 언론, 금융계 인사들도 같은 관점이다. 그러나 이것은 크립토의 본질을 제대로 이해하지 못했기 때문이다. 이제 크립토의 존재는 이미 부정할 수 없는 상황에 이르렀다. 지방자치단체에서 크립토랜드를 조성하겠다고 발표하고 있고, 블록체인 기술을 활용한 금융, 의료, 행정 데이터의 전환이 이루어지기 시작했다. 나이를 불문하고 크립토 투자에 참여하는 층이 넓어지고 있다. 크립토를 인정하고 싶지 않아도 크립토가 우리 생활 속에 이미 깊숙이 들어오기 시작했음을 직감적으로 알고 있다. 이미 이국종코인이나 NK코인을 통해 어렴풋이나마 크립토가 세상을 어떻게 변화시킬 수 있는가를 느꼈을 것이다. 이제 좀더 구체적으로 크립토의 사회적 역할을 살펴보자.

리먼브라더스 사태로 대변되는 금융위기는 제3차세계대전의 위력처럼 전 지구를 덮었다. 우클릭인 금융 주도 경제의 대안으로 좌클릭인 공유경제(신공산주의)가 시도된다. 공유경제의 주요 실천 과제는 나눔이다. 나눔은 좁게는 잉여자산을, 넓게는 이타심을 통한 필요자산의 분배를 의미한다. 그러나 나눔은 자기 주관적이며, 인간의 본능을 눌러야 한다. 자산의 취득 과정과 분배의 형평성에 대한 문제를 안고 있다. 경제는 수입과 지출의 순환 과정이다. 공유경제는 경제 특성상 자산의 취득 과정은 타도 대상이었던 금융에 맡기고, 취득한 자산의 분배만을 논하는 오류에 빠지게 된다. 취득 과정의 투명성과 도덕성, 공정성에 대한 언급이 없다 보니 나눔의 경제 규모가 커질수록 나눔의 존경심도 사라진다. 부자를 증오하게 되고, 그들의 이타적 행위들을 순수하게 보지 않는다.

결국 공유경제가 사람들이 기대했던 금융자본주의의 근본적인 해결책은 되지 못했다. 최근 공유경제에 따라붙는 수식어는 종말, 폭망, 잡음, 한계 등 부정적인 표현이 대부분이다. 그러나 공유경제를 실패한 사회운동으로 보지는 않는다. 공유경제는 탈금융자본주의를 외친 의미 있는 운동이었다.

이제 탐욕적인 금융으로부터 자유로운 정제된 자본주의를 완성시킬 기회가 왔다. 바로 '크립토 경제'다. 크립토는 수백 년간 지속적으로 발전해 온 자본주의라는 거대한 시스템에서 일부 오류가 있거나 고쳐나가야 할 부분을 기술적, 경제적, 사회적인 방식으로 바꿀 수 있는 혁신적 요소이다. 따라서 성급히 크립토를 정의 내리고, 쉽게 이해하려 든다면 큰 오번역을 하게 된다. 현재 많은 크립토 비즈니스맨들이 주위의 부러움과 동시에 따가운 비난을 받는 것도 바로 이 성급함 때문이다.

크립토를 오번역하면 블록체인 기술의 우수성으로 기술적 문제점만을 해결하려는 팀이 나타난다. 이들의 크립토는 정보공학적 가두리에 갇힐 수 있다. 개발자 세계는 독특하지만 독자적인 사회를 구성하기 어렵다. 금융공학과 사회공학적 요소가 접목되어야 한다. 훌륭하고 많은 개발자들이 사업에 실패하는 이유다. 더불어 아집이 강해 타협하지 않는다. 비트코인에서 이더리움이 탄생한 것도 철학이 달라 타협이 어려웠기 때문이다.

크립토의 금융 가치 요소를 통해 경제적 문제점만을 해결하려는 팀들도 있다. 암호화폐가 투자와 투기의 대상이며, 100배, 1000배 수익률에 광분한 이들이다. 이들이 가장 즐겨 하는 것이 1억 원으로 300억 원을 만든 이들을 신으로 받드는 일이다.

크립토의 사회친화적 요소만으로 사회적 문제를 해결하려는 팀들도 있다. 지역화폐나 전자결제 등으로 암호화폐를 사회 편의적 요소를 향상하는 요인으로만 보려는 경향이 강하다. 이들은 블록체인의 기술적 한계나 가치 향상을 위한 금융공학적인 요인은 염두에 두지 않는다. 그러니 비즈니스 모델도 허황되다.

모두 각자 장님이 코끼리 만지는 꼴이다. 그러나 이들을 비난하고 있을 수만은 없다. 어쨌든 위험을 감수하고 먼저 코끼리에게 다가간 프론티어들이고, 이들의 시행착오와 희생들로 인해 빙산의 일각이었던 어마

어마한 크립토의 형체가 조금씩 밖으로 드러나고 있기 때문이다.

따라서 크립토를 가장 빠르게 이해하는 방법은 크립토가 무엇인가를 먼저 알고자 하지 말고, 크립토가 할 수 있는 일을 가장 먼저 찾아내는 것이다. 크립토에 대한 이러한 접근을 통해 어렴풋하게나마 코끼리의 전체 형상을 상상할 수 있도록 돕게 되어 크립토에 대한 성급한 일반화의 오류the fallacy of hasty generalization를 극복할 수 있다. 더불어 사회 혁신에 필요한 개념을 크립토에서 차용할 수도 있다. 크립토를 지역화폐로 활용하려는 노력처럼 작은 부분부터 크립토를 도입하려는 노력도 필요하다.

암호화폐 비즈니스를 하면서 가장 말문이 막힐 때가 '암호화폐가 화폐로서 가치가 있느냐?'라는 비아냥 어린 물음에 답해야 할 때다. 수십 년간 자본주의 교육을 받은 사람일수록 암호화폐에 대해 더욱더 강한 거부감과 법정화폐에 대한 맹신을 가지고 있다. 그들은 자신들이 배운 '화폐'의 정의로 인해 '암호화폐'에 대한 일반화의 오류에 빠질 수 있다는 점을 인식하지 못하고 있다. 아니 인식하고 싶어 하지 않는다. 금본위제에서 기축통화의 가치를 하루아침에 무시하는 것은 용납할 수 없는 화폐에 대한 모욕이기 때문이다.

이러한 선입견은 크립토의 단점만 보게 만든다. 크립토도 모르는 이들의 묻지마 투자, 비즈니스 모델도 제대로 없는 크립토재단의 무분별한 탄생, 전 세계 모든 쇼핑몰을 혼자 운영하겠다는 허황된 사업 계획, 속도 향상에만 목숨 거는 블록체인, 수단과 방법을 가리지 않고 회원만을 유치함으로써 외형에만 치중하는 일부 크립토이코노미스트만 보이게 된다.

우리가 생선가게에 가는 이유는 좋은 생선을 골라 건강한 식사를 하기 위함이다. 상한 생선, 비린내, 위생 문제를 보러 가는 것이 아니다. (종교적으로 '죽은 것을 보지 말고, 산 것을 보라'는 말과 같은 의미다.) 크립토 상점에 들어섰다면 죽은 것을 먼저 보지 말고, 산 것을 먼저 보기 바란다.

사회 안전 기능을 위한 크립토

복지나 복리후생 정책에 활용할 수 있다

우리는 이미 7천 원짜리 점심 식사가 편의점 도시락이나 단체급식

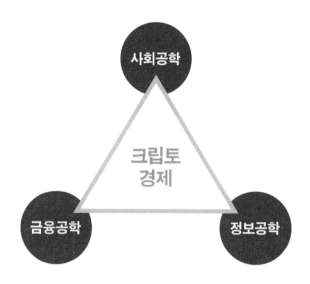

크립토 경제의 구성 요소

으로 30퍼센트 가격대에 공급이 가능하다는 것을 알고 있다. 크립토를 활용하면 유통기한이 얼마 남지 않아 버려지는 음식을 걷어다 주는 것이 아니라 정상적인 음식을 싸게 공급할 수 있다.

크립토를 민간 차원에서 복지코인이나 복리후생용 코인으로 발행하면 국민은 물론 국가 정책과 예산에 큰 보탬이 될 것이다. 지금은 국가가 국민연금이나 의료보험에 대한 책임을 지고 부족한 부분을 세금으로 메우는 시스템이다. 그러나 기하급수적으로 확대되는 복지 비용이 국가 재정 부담으로 다가오고 있다. 국가가 부담하고 있는 복지 시스템을 민간 비영리재단이 운영하는 복지형 크립토로 전환한다면 적은 예산으로 큰 혜택을 제공할 수 있다. 복지형 크립토의 목적은 지역주민이 저렴한 복지 서비스를 이용함으로써 국가의 재정 부담을 줄이고, 실질소득의 향상을 누릴 수 있도록 돕는 것이다.

안타깝게도 복지형 코인의 전폭적인 도입은 이미 복지 시스템이 갖춰져 있거나 금융이 발달한 국가에서는 정착하기 어렵다. 의료보험 체계를 바꾼다면 국가적인 혼란과 몰이해와 기득권층의 극심한 반대에 부딪히게 된다. 미국의 오바마케어로 알려진 의료보장체계의 개혁이 제대로 힘을 발휘하지 못하고 있지 않은가. 이는 민간의료보험 금융 시스템이 기득권을 형성하고 있기 때문이다. 아이들이 학교에서 죽어나가도 총기 규제가 불가능한 것도 같은 이유다. 따라서 복지형 코인은 복지 시스템이 완전히 자리 잡히지 않았거나 국가 예산이 부족한 개발도상국에 적합한 사업 모델이다.

기부, 봉사 등 나눔을 실천할 수 있다

현재 납부된 기부금의 30~40퍼센트가 기부금 운영을 위한 간접비와 홍보비로 사용되고 있다. 심지어 나머지 기부금마저 어디에 어떻게 사용되고 있는지 알 수 없는 것에 대한 불만이 쌓여가고 있다. 그 대안으로 기부 코인을 활용하자는 주장이 있다. 틀린 말이 아니다.

그러나 크립토 경제를 명확히 이해한다면 크립토는 기존의 부조리한 시스템을 수정하는 데 집중하기보다 다양한 혜택을 수혜자_{beneficiary, 受惠者}들에게 제공하는 데 집중한다.

실례로 한우코인의 목적은 소비자들에게 반값 한우를 공급하는 것이다. 증권사의 업무를 빼앗거나 펀드의 설계 방식을 바꾸는 비즈니스가 아니라는 것이다. 봉사단체, 시민단체, 금융기관들을 모두 없앨 필요도 없다. 기존 경제주체와 경쟁 관계가 아니라 크립토 경제는 그간 우리가 사회구조적으로 신경 쓰지 못했던 사회통합 영역을 보완하는 데 최적화되어 있기 때문이다.

따라서 기부형 코인의 백서는 코인으로 모금된 자금을 어떠한 일에 어떻게 분배함으로써 프로젝트의 효과를 극대화할 수 있는가에 초점이 맞춰져 있어야 한다. 기부한 사람, 기부받은 사람, 기부를 중개한 사람 모두 혜택을 누릴 수 있는 모델로 설계되어야 한다. 기부금 배분 절차의 투명성과 모금 절차상의 문제를 바꾸는 것이 크립토의 목적은 아니라는 점이다.

용어 정리:모금

원칙적으로 암호화폐의 발행은 비영리를 목적으로 한다. 따라서 암호화폐를 발행, 운용하는 기관들은 주로 비영리재단이다. 비영리재단은 특수 목적을 달성하기 위하여 자금을 모집하는 모금 방식이다. 재단의 모금 활동을 통하여 조달된 자금으로 목표로 한 사업을 수행하되, 모금을 한 기부자들에게 감사의 표시로 암호화폐를 발행하여 제공하게 된다. 감사의 표시로 제공된 암호화폐는 암호화폐의 가치를 인정하는 사람들이 서로 교환할 수 있는 거래소에 상장하게 되는데 이를 ICO Initial Coin Offering (가상화폐 공개)라고 칭한다. 비상장주식을 일반인들이 사고팔 수 있도록 주식거래소에 상장시키는 주식공개IPO와 유사한 프로세스이다. ICO(코인 상장) 전까지 이루어지는 프리세일Pre-sale이나 프라이빗세일Private sale은 엄격히 말하면 모금을 위한 사전 홍보(세일) 활동임을 명심해야 한다. 이를 명확히 구분하지 않음으로써 관계 당국이 코인을 주식으로 취급하거나 공모로 간주하여 증권감독기관의 승인과 규정 준수를 요구하게 되는 것이다.

현재 모금으로 발행된 암호화폐가 달러 등 현금으로 교환됨으로써 많은 문제가 발생하고 있다. 그러나 향후 크립토 교환 시장이 활성화된다면 크립토의 가치를 상호 교환함으로써 현금 교환 없는 자발적이고, 자율적인 거래가 가능할 것으로 예측된다. 예를 들어 자동차코인을 보유하고 있는 사람과 의료보험코인을 보유하고 있는 사람이 상호 부족한 코인 거래를 통하여 자동차 구매 시 할인 혜택을 받고, 병원비를 면제받을 수 있는 독립적인 크립토 경제가 도래해 현금 교환의 필요성이 줄어든다면 현재의 문제점들은 점점 더 줄어들 것으로 예측된다. 다만 이를 위해 화폐가치 평가 시스템이 아닌 별도의 독립적인 암호화폐 가치평가 시스템이 빠른 시일 내에 구축되어야 할 것이다.

국가 예산 등의 문제로 받지 못하는 필요한 정보들을 제공할 수 있다

현대의 복지국가는 국민과 사회에 대한 책임이 더욱더 커지고 있다. 이는 예산과 비례한다. 따라서 국가 예산 부족으로 일어날 수 있는 다양한 문제들을 암호화폐 비즈니스 모델로 해결할 수 있다. 공공의료 데이

터와 비교되는 민간의료 데이터의 수집 및 분석, 돈이 되지 않으나 국민 생활 안전에 필요한 해양안전 데이터의 수집 및 분석, 지적도 전산화와 같은 빅데이터 사업 등 역량이나 예산이 부족한 국가에서 암호화폐가 그 역할을 대신할 수 있다.

사회통합 영역을 해결하기 위한 노력

'한반도 7배' 바다 위 '거대 쓰레기 섬'…해체 시작됐다

우리가 버린 플라스틱 쓰레기가 이제 해양 생태계를 심각하게 훼손하고 있습니다. 북태평양에는 한반도 7배 크기의 거대한 플라스틱 쓰레기 섬까지 생겨났는데, 이걸 치우는 작업이 시작됐습니다.

세계 최초로 개발된 대규모 해양 플라스틱 쓰레기 수거 장비입니다. 긴 파이프를 서로 연결해 물에 뜨게 하고 바로 아래에는 3미터 깊이의 막을 연결했습니다. 카메라와 위성안테나를 부착해 위치와 해양 상태도 파악할 수 있습니다.

600미터 길이의 파이프가 U자 모양으로 조류에 따라 움직이면서 플라스틱 쓰레기를 모으면 배가 수거합니다.

이 장비를 만들어 해양 플라스틱 쓰레기 수거에 나선 주인공은 네덜란드의 청년 발명가 보얀 슬라트입니다.

보안 슬라트(오션 클린업 설립자) : 파이프와 막에는 플라스틱만 걸리고 조류를 따라 헤엄치는 해양생물은 걸리지 않습니다.

크라우드 펀딩으로 그동안 338억 원을 모아 전 세계 해양 플라스틱 쓰레기의 90퍼센트를 치운다는 야심 찬 계획을 세웠습니다.

우선 캘리포니아와 하와이 사이에 만들어진 한반도 면적의 7배쯤 되는 거대한 해양 쓰레기 섬을 치우는 것이 목표입니다. 전 세계 해양 플라스틱 쓰레기는 1억 5천만 톤으로 추정되며, 앞으로 10년 동안 3배 가까이 늘어날 것으로 보입니다.

각국에서 해양 쓰레기를 치우는 노력이 시작되고 있지만, 플라스틱 제품 사용 자체를 줄이는 노력이 동반되지 않으면 어떤 시도도 실효를 거두기 어렵다는 지적도 나오고 있습니다.

출처 : 〈SBS 뉴스〉(2018. 10. 28)

사회 편리 기능을 위한 크립토

금Gold과 같이 교환가치 대체제로서의 기능

크립토는 실생활에 많은 관심을 보이고 있다. 그러나 가격 변동 폭이 높은 크립토를 실생활에서 화폐 대용으로 사용하려는 발상이 옳은지는 두고 봐야 한다. 호텔을 사용하고 숙박료로 금을 낼 수는 없다. 금은 화폐로서 교환가치는 있어도 사용가치는 적다. 진짜 여부를 판단할 수 있는 가치 측정의 즉시성이 없기 때문이다. 금을 화폐로 사용하려면 공정한 기관에서 금의 가치(무게, 순도)를 측정한 후 화폐가치로 전환하는 과정이 필요하다. 크립토도 마찬가지다. 임의대로 가치를 측정하기에는 가격 변동 폭이 너무 높고, 블록체인의 분산저장이라는 특성상 실생활에서 사용하는 데는 기술적 한계도 있다. 굳이 비교하자면 점심을 먹기 위해 애플 주식 일부를 팔 필요가 있겠는가.

일부 기업이 포인트(적립금)를 암호화폐로 전환하여 전 세계에서 사용하는 시도를 하기도 했다. 다시 말하지만 크립토 경제는 '누림의 철학'을 기반으로 한다. 크립토 경제는 사회적 목적 달성을 위해 참여한 많은 이들의 노력으로 공동의 이익이 생기고, 참여자들 외에 많은 이들이 공동의 이익을 공유함으로써 삶의 질을 향상하는 누림의 경제를 추구한다.

그럼 다시 고민해 보자! 항공사 마일리지를 코인으로 전환하는 것이 어떠한 사회적 목적을 달성하는 것이며, 어떠한 공동의 이익이 생기고, 얼마나 많은 이들이 누림의 효과를 누릴 수 있는가.

전자화폐의 가치를 보전해 줄 수 있다

크립토의 형태를 편의상 몇 가지 유형으로 나눠보자.

첫째, 자체 블록체인 기술을 보유함으로써 기축통화 기능을 하는 메인넷을 운영할 수 있는 암호화폐를 코인 암호화폐Coin라고 정의한다. 자체 블록체인을 운영하면서 기축통화형 코인을 운영 중인 비트코인, 이더리움, 이오스 등이 대표적인 코인 암호화폐들이다.

둘째, 자체 블록체인 기술을 보유하지 않으면서 크립토를 사회적 목적에 활용할 수 있는 누림의 비즈니스 모델Creating Enjoyed Business Model을 운영할 수 있는 토큰 암호화폐Token가 있다. 토큰은 현재까지는 자체 블록체인 기술을 보유하고 있지 않아 IBM과 같은 안전한 사설 블록체인Private Block Chain을 사용하거나 기존의 공공 블록체인Public Block Chain을 플랫폼으로 사용한다. 이를 블록체인 플랫폼에 기반한 DApp(탈중앙화 애플리케이션)이라고 한다.

셋째, 자체 블록체인 기술은 물론 비즈니스 모델도 보유하고 있지 못하고 있으나 암호화폐의 형태만을 띠고 있는 크립토를 포인트 암호화폐라고 정의한다. 백서의 형태는 띠고 있으나 아직 실현 가능한 사업 모델을 갖추지 못하고 있어 주식시장에 M&A를 목적으로 임의 상장한 페이퍼컴퍼니인 스팩SPAC, Special Purpose Acquisition Company과 같은 유형이라고 할 수 있다. 크립토 시장이 열리던 초기 발행되어 빠르게 ICO를 거쳤거나 ICO 직전 프라이빗세일이나 프리세일을 거쳐 목표액이 모금된 암호화폐들이다. 대부분이 피벗Pivot할 비즈니스 모델을 찾거나 블록체인을 완성하기 위해 개발에 힘쓰고 있다. 현존하는 대부분의 크립토들이 포인트 암호화폐 수준에 머무르고 있다.

	Point(위성)	Token(행성)	Coin(태양)
블록체인	미보유	미보유	자체 보유
비즈니스 모델	미보유	차별화 BM 보유	기축통화 BM

　* 보다 쉬운 이해를 돕기 위해 태양계와 은하계를 비유해 설명해 보자. 우리가 살고 있는 태양계는 하나의 태양과 8개의 행성 그리도 행성 주위를 돌고 있는 위성으로 구성되어 있다. 태양계 중심에서 에너지를 공급하는 태양의 역할을 하는 크립토를 코인으로, 태양을 중심으로 돌면서 자체적인 활동을 하는 행성들을 토큰으로, 토큰 주위에서 아직 힘이 미약하나 행성으로 전환될 가능성이 있는 위성들을 포인트로 비유해 설명할 수 있다. 여러 태양계들(비트코인, 이더리움, 이오스……)로 은하계를 이루게 되는데 이 은하계들이 크립토 경제 시스템이라 할 수 있다.

은하계는 여러 개의 태양계로 구성되어 있다. 태양계의 구성을 보면 에너지의 원천인 태양을 중심으로 여러 개의 행성이 일정 궤도를 따라 공전을 하고 있다. 크립토 시스템Crypto Ecosystem은 자체 분산장부 저장기술

을 갖고 있어 에너지를 스스로 발생시키는 태양$_{Mainnet}$과 태양으로부터 에너지를 지원받아 다양한 활동을 하는 행성$_{DApp}$으로 구성된다.

분산저장 기술을 보유한 메인넷이 이를 유지하기 위해 발행한 암호 화폐를 코인$_{Coin}$이라고 부르고, 태양 주위를 도는 행성$_{DApp}$이 사업 자금 조달을 위하여 자체적으로 발행하는 암호화폐를 토큰$_{Token}$이라고 한다.

행성$_{DApp}$은 분산저장 기술을 사용하는 대가로 메인넷의 코인을 구매 하며, 토큰은 코인거래소에 코인공개$_{ICO}$를 통해 토큰의 시장거래에 참여 하게 된다.

비트코인은 최초의 태양계를 이룬 태양$_{Mainnet}$이며, 수많은 행성들을 거느리게 되었다. 그러나 분산화에 따른 부화 증가 등 기술적 특성과 행 성들의 다양성을 수용하는 데 한계를 드러내자 비트코인 생태계에서 독립하여 또 다른 태양계를 구성한 것이 바로 이더리움이다. 이오스도 같은 이유로 이더리움에서 독립하여 자체 태양계를 구성 중에 있다.

행성$_{DApp}$은 애초에 어떤 태양을 선택할 것인지 정해 놓고 설계되지만 이더리움과 이오스처럼 언제든지 자체 독립할 수 있는 여지를 남겨놓고 있다. 이러한 개방형 시스템으로 수천 개의 다양한 행성$_{DApp}$이 만들어지고 있으나 급속한 변화와 철학적 공유 미비로 행성$_{DApp}$에 대한 판단 기준이 모호하여 사회적 혼란이 있는 상황이다.

최근 암호화폐와 전자화폐의 개념이 모호한 것이 사회문제가 되고 있다. 심지어 암호화폐를 발행하는 크립토이코노미스트들조차 전자화폐와 암호화폐를 혼돈하여 사용하는 오류를 범하고 있다.

가장 많은 실수를 하게 되는 것이 전자화폐인 적립금의 암호화폐 전환 시도다. 기업이 서비스 사용자인 고객들에게 지급했던 전자화폐인 적립 포인트를 암호화폐로 전환하여 사용하려고 한다. 특정 암호화폐가 비즈니스 모델 피벗을 위해 항공사나 카드사의 적립금을 자신들의 암호화폐로 전환할 수 있는 서비스를 제공하겠다고 주장함으로써 혼란이 생긴다. 얼핏 보면 흥미로운 모델 같지만 암호화폐의 확장성과 시장 안착 가능성이 매우 희박한 모델이다. 크립토의 철학은 온데간데없이 암호화폐를 화폐 대용의 교환의 수단으로 사용하는 데 그치는 비즈니스 모델이다. 이 모델이 성공적으로 안착하려면 전 세계에서 적어도 1억 명 이상이 보유하고 있어야 하며, 1억 명 이상이 화폐를 대신해 생활 속에서 암호화폐를 사용해야 한다.

수백만 명의 회원으로 이것이 가능하다고 주장하는 크립토들은 요즘 스캠코인이라고 비난받는다. 구글이나 네이버와 같은 포털은 주식의 증자로 지속적인 투자금 유입과 미래 비전에 대한 주주들의 기대심리로 인해 장기적 투자가 가능했기 때문에 생존한 기업들이다. 사용자가 1억 명 이상이 되기까지 10여 년이 흘렀다. 그러나 크립토는 발행 수량이 한정되어 있고 백서를 미리 공개함으로써 비즈니스가 상대적으로 짧고 한정적이다. 프로젝트 성향이 강하다는 것이다. 단기적 사업 성과로 암호화폐의 가치가 극도로 상승하지 않을 경우 추가로 자금을 조달하기도 쉽지 않다. 10년 이상 비전을 보고 투자할 소속감이 높고 의결권을 가진 주주들도 없다.

결국 크립토는 크립토에 최적화된 비즈니스 모델을 개발해야 한다. 현재 모든 금융자본주의 시스템을 붕괴하고 대체하기에는 정리되지도 않았고 그럴 필요도 없다. 넘버원Number 1이 아닌 온리원Only 1의 길을 가야 한다.

누림의 경제를 실현하기 위한 암호화폐 비즈니스 모델이라면 암호화폐를 구매하거나 보유한 이들에게 항공사의 파격적인 항공료 할인 혜택이 돌아가거나 발행된 암호화폐로 인해 해당 항공사의 항공료가 70퍼센트 이상 할인됨으로써 많은 이들이 혜택을 누릴 수 있어야 한다. 특정 항공사의 단순 마일리지 포인트 전환은 암호화폐 철학 어디에도 맞지 않을뿐더러 고객 참여자들의 지지도 얻어내기 힘들다. 얼핏 보기에 부채로 잡혀 있는 마일리지를 해소해야 하는 항공사의 니즈와 암호화폐 비즈니스 모델을 이슈화해 회원 수를 늘리려는 크립토재단 운영진이 급조한 합작 모델일 뿐이다. 이는 크립토 경제철학을 이해하지 못하고 있거나, 발행한 크립토의 비즈니스화를 서두르기 위해 무리수를 둘 수밖에 없는 상황에서 나오는 결과물이라 하겠다.

두 번째는 지역화폐를 크립토와 연동하여 사용하려는 시도다. 지역화폐의 안전성을 확보하기 위하여 블록체인 기술을 사용하여 장부관리를 할 수는 있으나 지역화폐를 전자화폐 형태로 발행하는 것과 크립토를 발행하는 것은 엄연히 다른 얘기다. 크립토의 가격 변동성 리스크를 지자체가 안을 수도 있는 위험성도 존재한다. 성숙되지 않은 시장에서 어떠한 변수가 나올지도 모른다.

보험, 적금 등 금융의 역할 중 사회통합 영역을 보완할 수 있다

보험증서는 교환가치만이 존재할 뿐이다. 사고가 났거나 만기 시에 보험증서를 제시하면 보험사가 부담했다고 주장하는 리스크 비용을 뺀 원금과 말도 안 되는 이자를 지급받게 된다. 사고가 났더라도 책 한 권 분량의 보험정관을 법률적으로 해석하면 수십 장에 달하는 복잡한 청구서와 근거 서류를 작성 및 제출해야 한다.

보험 가입자들이 지급하는 보험료들이 규모의 경제를 이루어 보험사는 보험설계 시부터 정규 분포에 가깝도록 금융 리스크를 피하게 된다. 어떻게 보면 상부상조의 비정형 리스크에 대한 품앗이인데 문제는 보험사가 취하는 금융 이익이 상상을 초월한다는 데 있다. 보험사의 금융 이익은 미래의 리스크를 대비해 비용을 지불하는 보험 가입자들에게 금전적 부담을 주고 있다.

반면 크립토는 교환가치와 실물자산 가치가 동시에 존재한다. 또한 보험사와 같은 금융 플랫폼 사업자가 없거나 조직 규모가 작다. 보험코인을 발행하는 크립토재단의 궁극적인 목적이 보험사와는 근본적으로 달라야 한다. 이것이 크립토의 의무이자 책임이다. 이렇듯 크립토는 금융 거품이 높은 분야에서 역할을 대신할 사회통합 영역을 우선적으로 보완할 수 있다.

사회 발전 기능이 가능한 크립토

혹자는 크립토가 기존 산업구조를 파괴할 것이라고 우려한다. 그러나 크립토는 파괴자가 아닌 혁신의 산물이다. 금융자본주의의 부작용에 대한 자정작용으로 나타난 새로운 기회이며, 자본주의의 한계인 빈부 격차를 줄일 수 있는 기회이자 자본주의를 완성하고자 하는 마지막 몸부림이다.

이제 크립토 경제의 관전 포인트를 살펴보자.

크립토 경제가 정착된다면 국가는 복지, 빈부 격차, 최저 임금, 기본소득, 의료보험, 연금, 노후, 실업 수당, 절대 소득 등 중산층의 지원 부담에서 벗어날 수 있다. 소셜임팩트가 높은 크립토프로젝트가 그 역할을 대행해 주기 때문이다. 지역화폐나 복지바우처, 국민연금이나 국민의료

보험 등을 대체하는 복지형 크립토 발행이 가능하다. 따라서 기존의 복지나 금융자본주의 시스템이 아직 갖춰져 있지 않은 라오스나 북한, 구소련 연방국가 등에서 도입이 매우 용이한 시스템이다. 금융이 아직 손대지 못한 처녀지는 퀀텀점프의 기회다. 금융자본주의를 건너뛰고, 크립토 경제를 도입하기 때문이다. 경제의 구조 설계부터 공유경제를 거울로 삼아야 한다. 금융, 국가, 국민, 기업 모두가 잘사는 나라를 만들 수 있다.

크립토 경제가 도입되면 산업구조가 개편되어 일자리가 바뀌는 혼란이 일어나겠지만 4차 산업혁명으로 지금 일자리의 60퍼센트 이상이 없어질 예정이다. 친환경 전기차 확대를 논의하니 주유소가 없어질 것을 걱정하는 셈이다.

크립토 경제가 활성화되면 소비자들은 현재보다 상대 소득이 200퍼센트 이상 향상될 것이다. 월 급여 300만 원인 근로소득자가 600만 원을 받는 느낌이 된다. 절대 소비 금액이었던 주택, 이자, 교육, 식생활, 문화, 레저스포츠, 의료, 통신, 교통, 구매, 보험금에 대한 부담이 크립토를 통해 현저히 줄어들 수 있기 때문이다. 공유경제하에서 공동구매를 통한 저렴한 서비스의 공급을 잠시나마 '우버'나 '에어비앤비', '배달의민족' 등 플랫폼 사업자가 대행했다면, 향후 이 역할을 코인이 하게 될 것이다. 코인은 사회적 목적에 의해 발행된 사회적 가치도 있지만, 교환이 가능한 현재가치도 보유하고 있다. 더불어 자산가치가 오를 수 있는 미래가치까지 포함하고 있다. 절대가치로만 교환되던 재화와 용역이 사회통합과 더불어 미래가치에 대한 기대까지 가미되어 거래된다.

보험코인을 구매하면 보험 혜택을 받는 것 외에 코인이 자산으로 남아 있거나 다른 혜택을 추가로 받는다. 코인 구매로 70퍼센트 저렴한 자동차를 구매할 수 있는데 그 비용마저 코인을 담보로 분할이 가능한 것이다.

이제까지의 기업들은 기술을 개발하고, 대출이나 투자를 받아 공장과 기계를 구비하고, 홍보 마케팅 비용을 써가며, 판매가의 70퍼센트에 달하는 비용을 유통망에 지급하면서 사업을 해왔다. 그러나 크립토 블록체인 기업은 크립토 판매로 소비자들에게 예약 주문과 투자 비용을 미리 받고, 조달된 금액으로 공장을 설립할 수도, 부품을 대량으로 선주문함으로써 원가를 줄일 수도 있다. 특별히 홍보 마케팅 비용 지출 없이 소비자와 직거래하는 시스템으로 바뀌게 된다.

수십조 원에 달하는 빅데이터 저작권료의 소유가 네이버나 구글에게 있는지 사용자에게 있는지도 명확해질 것이다. 향후 130조 원에 달하는 구글의 광고 매출이 어느 크립토재단으로 돌아갈지도 흥미로운 관전 포인트다. 이것이 크립토 기업의 미래다.

ㅇ 이제 막 전역한 김 소령은 퇴직 프로그램으로 배운 양란장 사업을 시작했다.

ㅇ 토지는 퇴직금으로 구매했다. 양란장 사업이 힘들어도 토지만은 남을 것이라는 계산도 있었다.

○ 10억 원에 달하는 양란장 설비비는 정부의 농어촌 정착 지원금과 저렴한 축산인 대출로 충당했다. 개인 부담금 20퍼센트, 2억 원은 지인들에게 추가 조달했다.

○ 초기 정착기를 제외하고 이제는 숙련 단계에 이르러 매출은 판당 4500원 안팎으로 연간 약 13억 원의 매출을 올리고 있다. 그러나 AI 등 전염병이 터지면 달걀 수요가 없어 거의 폐기하거나 판당 1500원씩 손해를 보고 팔기도 하기에 실제 평균 매출은 7~8억 원으로 예측된다.

○ AI가 종료되어 소비자가격이 1만 원대로 올라가도 도매가 수익은 별반 차이가 없다. 반면 김 소령이 지출하는 생활비, 자녀 대학 등록금, 학원비, 식대, 사룟값 등은 절대 내리지 않는다.

○ 결국 돈을 벌기 위해 빌린 금융비용을 갚기에만 급급한 삶이 되어버린다.

크립토 경제의 미래

○ 2020년 전역한 김 소령은 퇴직 후 연간 60만 판의 유기농 달걀을 생산하는 양란장을 운영한다. 양란장의 토지는 퇴직금으로 마련했다.

○ 10억 원에 달하는 양란장 설비비와 5억 원에 달하는 1년치 사료비는 김 소령이 관리하는 커뮤니티를 중심으로 1만 가구를 대상으로 유기농달걀코인을 발행하여 조달했다. 가구당 30만 원씩 선납하면 1만 2천 원짜리 유기농 달걀 한 판을 5천 원에 주 1회, 1년간 공급하는 조건이다. 연간 확정 매출은 26억 5천만 원에 달한다.

○ 판당 가격이 시장가격보다 월등히 저렴한 것은 코인 판매로 모금된 자금으로 양란장 설비를 함으로써 금융 조달로 치러야 할 비용 부담이 없어졌고, 1년치 사룟값을 선지불함으로써 40퍼센트 이상 할인된 가격으로 사료를 구매할 수 있었기 때문이다.

○ 또한 코인 투자자 커뮤니티에 고정적으로 납품하기 때문에 광고비나 재고 리스크, 금융비용, 사료 가격 변동 등 물가 리스크가 거의 없어 좋은 달걀을 생산하는 데만 집중할 수 있게 되었다.

○ 김 소령이 생산하는 달걀이 필요한 소비자들은 웃돈을 줘서라도 발행된 유기농달걀크립토를 보유할 수 있다.

○ 신뢰를 바탕으로 1호 크립토 비즈니스가 종료되고, 2호 유기농달걀 크립토가 발행된다. 이번에는 시설 부담이 없어져 1호 크립토프로젝트에 참여했던 고객들에게는 한 판에 3천 원으로 유기농 달걀을 공

급하기로 결정한다. 소비자들은 연간 15만 6천 원을 부담하면 된다. 생산자와 소비자 모두 윈윈할 수 있는 누림의 경제가 확대되는 순간이다.

투자를 통하여 배당수익을 제공할 수 있다

암호화폐를 발행하는 크립토재단이 모금액을 수익 사업에 투자함으로써 거둬들인 투자수익을 기부자들에게 배당하는 방식이다. 이 모델은 증권형 코인으로 분류되기도 한다(솔직히 있을 수 없는 분류다. 사회적 통합을 목적으로 한 코인이 수익이 난다고 증권이라는 금융 시스템에 욱여넣고 있으니 말이다). 크립토는 금융공학, 정보공학, 사회공학적 요소가 공존하기에 군이 배당형 코인이나 유틸리티 코인, 주식형 코인 등으로 크립토를 나누는 것 자체가 무의미해 보인다. 수익이 나면 비영리재단이나 수익에 대한 과세를 하기 위한 구분일 뿐이다. 배당 방식은 주식회사의 연말 현금배당 방식이나 무상증자 방식 등이 떠오르고 있다. 아직 계획 단계에 있을 뿐 배당이 이루어지는 시기는 크립토재단의 수익 사업이 본궤도에 오를 때 가능하다.

우수한 중소기업의 시설에 선투자할 수 있다

전기차 플랫폼을 생산하는 기업이 리버스 ICO를 기획한다. 현재 인휠 방식의 전기차 플랫폼은 배터리 1500만 원, 인휠 모터 2천만 원, 프레임 1천만 원, 총 4500만 원으로 제작이 가능하다. 기업의 이윤까지

붙인다면 6천만 원에 판매될 예정이다. 전기차를 완성하려면 거의 1억 5천만 원에 가까운 비용이 든다.

문제는 연간 100만 대 규모의 전기차 플랫폼 제작을 위한 공장 설립에 1천억 원 규모의 선투자가 이루어져야 한다는 점이다. 판매량이 예측되지 않는 사업 분야에 1천억 원을 투자해야 하는 일은 중소기업에게 큰 부담이다.

그러나 암호화폐는 이를 해결할 수 있다. 전기차 플랫폼 코인을 발행하면 재단은 1인당 1천만 원에 50만 명에게 암호화폐를 판매하여 5조 원을 모금한다. 재단은 전기차 플랫폼 생산 기업에서 50만 대를 공동구매하며 3년 내 납품 조건으로 5조 원의 현금을 선지출한다. 생산 기업은 공장을 설립하고, 부품을 저렴하게 구매할 수 있다. 타이어와 모터만 각각 400만 개를 구매하게 된다. 역시 현금 선지급으로 엄청난 가격 할인이 예상된다. 2년 후부터 코인을 보유한 투자자들이 500만 원을 완납하게 되면 전기차 플랫폼을 받을 수 있다. 단돈 1500만 원에 나만의 차를 설계하거나 디자인하게 될 플랫폼을 얻게 된 것이다. 이 가격에 전기차 플랫폼을 받게 되는 북한이나 태국, 우즈베키스탄, 인도네시아, 아프리카, 남미 국가 등 국가별로 전기차의 수요가 다른 곳에서는 완성차를 만들기 위한 리모델링이나 튜닝이라는 새로운 산업이 발전하게 될 것이다. 6천만 원 정도의 전기차 플랫폼을 1500만 원에 구매하게 됨으로써 누림의 경제를 실천할 수 있을 뿐 아니라 전기차플랫폼코인의 프리미엄은 최대 4천만 원에 달하게 된다.

공동구매와 실물자산 펀드, 벤처 투자, 현금 선지급 구매 할인, 다품종 소량생산 경제 시스템이 복합적으로 결합된 실물자산형 크립토 비즈니스 모델 사례다.

빅데이터에 대한 소비자 저작권을 공유할 수 있다.

구글Google은 인터넷 검색 서비스, 동영상 및 메일 서비스 등으로 모은 빅데이터를 통하여 1천억 달러의 매출을 올리고 있다. 그러나 실제 빅데이터의 소스 제공자인 구글 사용자들과는 이익을 공유하지 않는다. 이에 빅데이터를 제공하는 소비자의 권리, 즉 빅데이터 저작권이 누구에게 있는가에 대한 사회적 논의가 진행 중이다.

실험적이지만 작은 시도가 있었다. 바로 스팀잇이라는 코인이다. 스팀잇이라는 플랫폼에 글을 포스팅하거나 올린 글들에 평가를 하면 코인을

생각의 가치

당신의 생각과 글은 소중합니다.
스팀잇은 고급 컨텐츠 생산자들과 큐레이터들에게
투명한 금전적 보상을 지원합니다. 지금 참여하세요.

지급하는 비즈니스 모델이다. 속도, 언어, 편리성 등에서 문제가 있어 보이지만 빅데이터의 소비자 저작권을 소비자에게 돌려주겠다는 시도만은 인정해야 한다. 코인 발행 후 스팀잇 사용자는 급성장했다. 스팀잇을 시작으로 소비자 저작권 관련 암호화폐가 크게 늘어날 것으로 보인다. 국내에서는 실시간 통번역 서비스를 제공하는 콤마톡서비스가 리버스 ICO를 통해 코인을 발행한다. 언어적인 한계를 넘어 글로벌 SNS로 성장할 수 있기를 바란다.

디지털 제품의 물가를 낮춰 실질소득을 높일 수 있다

최근 환경, 편의, 편리, 건강, 유지비 최소화를 위해 필요한 디지털 제품류는 35종에 이른다. 전기차부터 주방용품, 미용건강용품, 취미용품, 생활가전제품들로 나뉜다. 디지털스러움을 통한 소확행을 누리기 위해서 필요한 디지털 기기와 서비스들이다. 이를 일시로 구입한다면 9천만 원의 현금이 필요하다. 5년간 리스로 구입한다면 월 240만 원씩 지불해야 한다.

보험료, 주택료, 교육비, 취미 여행, 식대, 의류, 세금을 지불해야 하는 급여 소득자들에게 매월 240만 원은 큰 부담이 된다. 월 소득이 600만 원(연 7200만 원)인 중산층 가정이 소득의 40퍼센트를 디지털 비용으로 지출하는 셈이다. 디지털 비용을 제외하고 이미 550만 원(보험료 50만 원, 주거비 100만 원, 자녀교육비 100만 원, 취미 여행 20만 원, 식대 50만 원, 외식비 30만 원, 의료비 30만 원, 세금 60만 원, 경조비 30만 원, 교통비 20만 원, 병원비 10만 원, 저축 50만 원)가량을 지출하는 가정에서 240만 원을 추가 지불하기란 쉽지 않은 일이다. 결국 디지털 기술혁명 시대에 디지털 소외 계층의 삶을 살게 된다.

반면 암호화폐를 이용하면 월 50만 원으로 디지털 비용 부담이 줄어든다. 100만 개 단위로 공동구매를 하게 됨으로써 금융비용이 줄어들어 리스 원가 자체가 낮아지는 효과를 기대할 수 있다. 전기자동차와

	디지털 기기 항목	소비자가 (천 원)	월 리스료	크립토 리스료	비고
1	전기차	45,000	1,600	259	
2	디지털 콘텐츠 비용	3,000	5	17	음악, 교육, 게임, 이모티콘 월 5만 원
3	통신비/인터넷	12,000	20	69	5년, 3인 가족 월 20만 원
4	에어컨	1,500	40	9	
5	공기청정기	1,500	40	9	
6	에너지 보존장치	2,000	50	12	
7	냉장고	1,000	30	6	
8	의류건조기	1,500	40	9	
9	식기세척기	800	20	5	
10	음식물 발효처리기	800	20	5	
11	전기레인지	1,500	40	9	
12	무선청소기	1,000	30	6	
13	로봇청소기	700	20	4	

14	휴대폰	3,000	80	17	3인 가족 기준
15	정수기	1,000	30	6	
16	노트북	700	20	4	
17	노트패드	500	15	3	
18	PC	1,000	30	6	
19	AI스피커	300	8	2	
20	CC보안기기	300	8	2	
21	컴퓨터 주변기기	500	15	3	
22	드론	300	8	2	
23	블랙박스	300	8	2	
24	순간온수기	250	8	1	
25	화장품 냉장고	400	8	2	
26	와인냉장고	1,500	40	9	
27	AI보일러	400	8	2	
28	온풍기	500	15	3	
29	가습기	1,500	40	9	
30	드럼세탁기	1,500	40	9	
31	전동칫솔	150	4	1	
32	AI 유아용 로봇	1,000	30	6	
33	홍채/지문 인식 도어락	500	15	3	
34	제습기	500	15	3	
35	에어프라이어	300	8	2	
	계	88,700	2,408	510	

※ 다리미, 헤어드라이어 등 초소형 가전은 제외

30여 개의 디지털 제품의 리스 요금이 월 50만 원 내에서 해결된다면 실질소득의 증가 효과로 이어지게 된다. 150만 원짜리 전기레인지를 월 9천 원에 사용할 수 있다면 만족하지 않겠는가?

쉽게 이해하는 암호화폐 스토리

짜장면 코인

장마철 친구 집에 비가 들이쳤다. 방 한 면만 도배를 다시 해야 한다. 도배 전문가를 부르기에는 비용이 아깝다. 그래서 친구인 나에게 도배를 도와달라고 한다. 2시간 작업으로 도배는 끝났다. 친구는 감사의 표시로 짜장면을 시켜준다. 감사의 표시로 받은 짜장면이 바로 크립토다. 크립토의 핵심적인 철학은 '나는 짜장면을 먹기 위해서 도배를 도운 것은 아니다'라는 점이다.

짜장면을 위해 도배를 한 행위는 '금융'이라 칭한다. 도배를 도와줌으로써 감사의 표시로 짜장면을 받는 행위는 '크립토'라 칭한다. 금융과 크립토는 시작점이 다르다. 크립토를 기축통화나 투자 대상, 즉 돈으로만 바라보는 것은 도배를 도와준 친구의 선의를 호도하는 행위다.

헌혈증 코인

크립토를 이해하는 데 유사한 개념으로 헌혈증이 있다. 헌혈을 하면 간단한 선물을 제공받고 헌혈증을 받게 된다. 헌혈증은 혈액이 필요한 타인에게 양도할 수 있다. 자신을 위해 저축해 놓을 수도 있으며, 유상 매각도 가능하다. 헌혈증은 크립토와 가장 유사한 경제 모델이다.

꿈보다 해몽이 필요한 암호화폐

용어 정리:탈중앙화에 대한 연구

은행계좌가 해킹을 당해 저축해 놓은 돈이 모조리 없어진다. 내가 그 돈을 인출하지 않았다는 것을 입증하는 소송과 함께 1년여 동안 금융기관과 싸워야 한다. 나도 모르게 내 SNS 계정에 문란한 정보가 올라간다. 병원에 있어야 할 내 건강정보가 보험회사의 영업 활동에 사용된다. 휴대폰 제조사가 내 동선을 일일이 체크하고 있다가 집단소송을 당한다. 통신사가 해킹을 당해 내 통신 데이터와 개인정보들이 어느 누구에게 넘어갔는지 모르고 있다. 남 얘기가 아니다.

현대인이라면 알게 모르게 한 번이라도 개인정보 해킹 피해를 당한 경험이 있다. 이는 사용자의 부주의나 보안 실수 외에 근본적으로 중앙 서버에 데이터를 보관하는 중앙화 체계의 취약점에서 나온다. 금융정보의 갈취와 데이터의 불법적 활용으로 인한 사회적 손실이 점전 커지고 있다. 아무리 막으려고 노력해도 데이터를 한곳에 저장해 놓은 이상 근본적인 해결책이 되지 못한다. 그 대안으로 탈중앙화Decentralized에 대한 연구가 진행된다.

용어 정리:데이터 분산저장에 대한 보상

탈중앙화 또는 분산화 이전까지 우리는 데이터를 저장하려면 자체 서버를 보유하거나 IDC Internet Data Center에 위탁했다. 그러나 분산장부 저장 기술, 즉 블록체인 기술은 데이터를 분산 보관할 수 있도록 수백, 수천의 개인 서버를 사용하는 방식이다. 결국 엄청난 규모의 데이터 보관 비용이 들게 된다. 탈중앙화의 분산 시스템을 유지하기 위해 크립토이코노미스트들은 비용 시스템이 아닌 보상 시스템을 채택한다.

이제까지 IDC의 사용료가 비용으로 지출되었다면, 블록체인을 유지하는 데 참여하는 데이터 보유 공간 제공자들에게는 보상을 제공하는 것이다. 그 제공 수단이 바로 크립토다. 크립토는 누구나 보상 시스템에 참여할 수 있도록 개방하고, 보상으로 제공되는 크립토를 실물경제에 사용할 수 있도록 함으로써 누림의 경제를 실현할 수 있는 핵심 요소가 된다.

크립토에 거는 기대

크립토의 태동 동기에 대해서는 블록체인을 유지하기 위한 보상 시스템으로 탄생했다는 주장과 금융위기에 대한 대안으로 기축통화의 전환을 목적으로 발생했다는 주장이 있다. 크립토는 개방성을 갖고 있어 계속 진화하고 있기 때문에 딱히 '무엇이 맞고, 틀리다'고 정의할 필요가 없다. 중요한 것은 현재 기술적, 경제적, 사회적 문제를 암호화폐가 해결해 줄 것이라는 믿음이다.

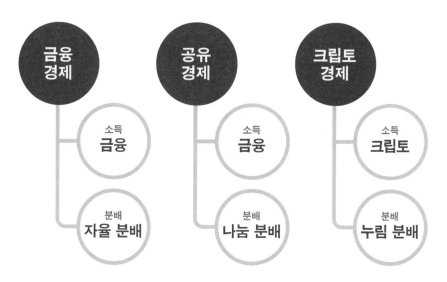

경제 유형별 소득과 분배 구조

블록체인 데이터의 가치

블록체인을 유지하는 데 필요한 보상은 크립토를 발행하여 제공하게 된다. 따라서 블록체인의 데이터는 분산처리로서 가치가 높은 데이터여야 한다. 블록체인이 갖는 데이터의 정보공학적 가치는 시장가치로 전환되는데 이는 사회공학적 밑바탕 위에 금융공학적 설계가 필수적이다. 결국 아무것이나 크립토로 발행되어서는 안 된다는 의미다.

금융위기의 경고

금융위기는 우리에게 몇 가지 커다란 교훈을 안겨줬다. 첫째, 역사적으로 전쟁과 석유파동 등 실물경제의 붕괴로 인한 경제위기와는 완전히 다른 개념의 경제위기였다. 둘째, 디지털 기술혁명 시대에 IT통신 서비스로 금융위기의 토대가 마련되었다. 셋째, 양심 없는 소수가 얼마나 글로벌 경제에 나쁜 영향을 줄 수 있는가를 일깨워주었다.

암호화폐의 발행

누림의 경제철학이 실현될 사회적 목표가 세워졌다면, 이를 실천하기 위한 암호화폐의 설계와 발행이 필요하다. 암호화폐의 발행은 블록체인의 차별화된 기술력이 기반되어야 한다. 자체 블록체인 플랫폼을 가질 필요 없는 분산화 애플리케이션$_{DApp}$의 경우 비즈니스 모델이 보다 중요한 요소다. 다만 이 두 요소의 성공 여부는 암호화폐의 가치 창출 요소가 전제되어야 한다.

발행되는 암호화폐는 일반적으로 기부 대가$_{coin\ sale}$, 블록체인 유지 비용$_{mining}$, 마케팅 비용과 재단 설립 및 유지 관리 비용으로 배분된다. 암호화폐의 성격이나 블록체인의 독립성에 따라 배분 비율은 모두 상이하다. (이해하기 쉽게 예를 들어 배분 비율을 '세일 : 채굴 : 마케팅 : 재단'에 '3 : 3 : 3 : 1'로 할 수 있겠으나 단순 모델 중 하나이므로 참고하기 바란다.)

암호화폐의 발행과 금융공학

크립토 발행에 있어 금융공학적 요소가 바로 기부 세일과 마케팅$_{Air\ Drop}$(무상 제공) 요소다. 모금 금액이 1천억 원이라면 누구는 코인을 구매하고, 누구는 미트업$_{Meet\ up}$(기업의 IR 행사와 유사)에 참여함으로써 무상으

발행 크립토의 배분 설계

- 데이터 분산 보관
- 마이닝(채굴) 대가

- Angel Sale
- Private Sale
- Pre-sale

블록체인 유지

기부

크립토 재단 유지

Marketing

- Co-founder
- Adviser
- 재단 관계자

- Air Drop

로 받게 된다. 심지어 블록체인 유지를 위해 하드웨어를 제공한 기업들도 대가로 암호화폐를 받는다. 여기에 금융공학적 비밀이 숨어 있다. 기부 세일에 참여한 투자자들은 ICO(코인 상장) 가격 대비 높은 할인율을 보장받는다. 결국 코인 투자자가 수익을 얻을 수 있는 것은 ICO 가격이 유지되거나 그 이상으로 가격이 상승하는 것이다. 이를 위해서는 많은 이들이 코인에 관심을 갖고, 코인의 가격을 받쳐주어야 한다. 이를 위해 수천, 수만 명에게 무상으로 코인을 나눠 주게 되는 것이다. 비즈니스 모델이 확실하여 성과가 나기 시작하면서 코인을 보유한 이들의 관심이 높아지고, 코인의 가격은 상승하게 된다. ICO 가격 대비 70퍼센트의 할인율로 투자한 투자자라면 ICO만 성공한다 해도 300퍼센트의 수익률을 기대할 수 있는 것이다.

프로젝트 모금의 성공은 크립토에게 생명을 불어넣는다. 김춘수 시인의 〈꽃〉이라는 시를 보면 암호화폐의 가치가 어디에서 나오는지 이해할 수 있다.

내가 그의 이름을 불러 주기 전에는

그는 다만

하나의 몸짓에 지나지 않았다.

내가 그의 이름을 불러 주었을 때

그는 나에게로 와서

꽃이 되었다.

내가 그의 이름을 불러 준 것처럼

나의 이 빛깔과 향기에 알맞은

누가 나의 이름을 불러다오.

그에게로 가서 나도

그의 꽃이 되고 싶다.

우리들은 모두

무엇이 되고 싶다.

너는 나에게 나는 너에게

잊혀지지 않는 하나의 의미가 되고 싶다.

일반적인 발행 프로세스

아직 표준화되어 있지 않지만 크립토를 발행하는 프로세스는 대략 아래와 같다.

① 사회적 목표가 결정되면 비즈니스 모델을 기획하고 서비스 플랫폼을 설계한다. 사회공학적 요소의 기반하에 금융공학적 요소와 정보공학적 요소가 결합된 누림의 경제 모델이 설계된다.

② 암호화폐 발행 수량을 결정한다. 배분 비율은 '세일:채굴:마케팅:재단'이 '3:3:3:1'이다.

③ 사회적 프로젝트를 위해 최소 500억 원, 최대 1천억 원을 모집하기로 결정한다(이를 소프트캡, 하드캡이라고 한다).

④ 공동 설립자와 조언자를 초빙하여 크립토재단에 참여할 인력을 구성한다.

⑤ 법률자문, 회계자문, 기술자문, 마케팅 파트너를 통해 백서를 작성한다.

⑥ 특정 지역에 크립토재단을 설립한다.

⑦ ICO 목표 금액(주식의 상장 공모가)의 30~70퍼센트 할인된 금액으로 프리세일을 통해 기부금을 모집하고 대가로 암호화폐를 지급한다.

⑧ 총 판매 분량 중 프리세일로 판매한 수량을 제외한 나머지를 ICO 수행 시 공모한다(특정 기간 내에 소프트캡 500억 모집이 실패할 경우 모집된 기부금은 투자자들에게 환불하고, 사회적 프로젝트를 접어야 한다. 즉, 발행된 암호화폐는 폐기한다).

⑨ 기부금이 모두 모집되었다면 크립토재단은 백서에 기재된 사업을 수행해야 한다. 수행 시에 공시나 회계 감사 부분에 철저히 대비해야 함은 물론이다.

암호화폐가 주는 사회적 의의

인간은 역사적으로 불완전한 존재임을 스스로 알고 있어 그 편향성에 대한 대안으로 '자기정화 능력'을 갖게 된다. 편향된 금융자본주의를 극복하기 위한 대안으로 우리는 새로운 노력들을 시도하게 된다.

과일주스 전문 프랜차이즈 '쥬시'는 직영 농장을 확대하고, 유통 단계를 축소하여 커피나 생과일 주스 가격을 1500원대로 맞췄다. 반면 스타벅스 커피는 4100원이다. 중국의 광군제에 맞춰 '알리바바'는 모든 유통 단계를 축소함으로써 할인율 50퍼센트 이상으로 제품을 판매한다. 2018년 광군제 1일 매출이 한화 37조 원에 이른다.

유럽에서는 '타임뱅크'라고 해서 한국의 품앗이와 같은 공유 비즈니스가 있다. 자신의 재능을 공유하고, 그 대가로 재능 기부 시간을 저장해 두었다가 필요할 때 사용하는 시스템을 운영하고 있다. 학생 과외 2시간을 해주고, 2시간 애완견을 위탁하는 방식이다.

한우펀드, 선박펀드, 삼겹살펀드 등 실물자산 펀드도 활성화되고 있다. 반값 한우를 표방하며 설계된 한우펀드는 원가 경쟁력 측면에서 실물자산 펀드의 성공 가능성을 보여줬다.

호텔을 보유하고 있지 않는 숙박 공유 플랫폼 '에어비앤비'가 힐튼의 가치를 넘어섰다. 자동차 공유 서비스 '우버', 배달 중개 플랫폼 '배민' 등 공유 플랫폼으로 삶의 질 향상과 함께 라이프 코스트를 줄여주는 사업이 유행하고 있다. 더불어 벼룩시장, 공동구매, 해외직구는 이제 일상화된 시도들이다.

우리는 이러한 경제 시스템을 '공유경제'라고 부른다. 공유경제는 환경운동에 기반을 둔 아나바다운동(아껴 쓰고, 나눠 쓰고, 바꿔 쓰고, 다시 쓰자)과는 맥을 달리한다. 생산을 촉진하고 삶의 질을 높이기 위한 경제다. 공유경제는 기업의 마인드도 변화시킨다. 주주 우선주의에서 기업은 사회적 책임CSR을 강요받게 된다. 그러나 태생적으로 이익을 목적으로 만들어진 기업에게 사회적 목적을 강요하는 것 자체가 모순이다. 더욱이 사회적 목적을 충족하다 보니 기업의 지속 가능성이 낮아져 연속성을 갖지 못하게 되었다. 사회적 기업으로 대표되는 CSV 기업들이 활성화되지 못하는 이유다.

이에 상생 생태계를 설계하고, 그에 맞는 누림의 비즈니스 모델을 수행하자는 움직임이 나타나고 있다. 크립토 비즈니스 모델이다. 추구하는 노력의 최종 목표를 '정제된 자본주의'라 정의하고, 이를 지향하는 새로운 가이드라인을 사회경제적으로 제시하게 된다.

정제된 자본주의

크립토를 이용하여 '누림의 사회'를 구현함으로써 디지털 슬레이브 계층의 출현을 최소화하는 것을 목표로 한다. 결국 암호화폐 설계 시에 사회적 책임성을 갖고 있는가? 공동의 노력이 들어가는가? 공동의 이익이 창출되고 배분되는가? 이로 인해 상생사회가 실현되는가? 이것이 누림의 경제를 실현하는 크립토의 자격 요건이다.

디지털 슬레이브

혹자는 산업혁명을 농업혁명, 증기기관혁명, 전기혁명, 통신혁명, 디지털혁명으로 나눈다. 또 혹자는 1차, 2차, 3차, 4차 산업혁명으로 나누고 있다. 그러나 산업혁명을 구분하는 기준은 새로운 기술의 발명과 승자의 논리가 아닌 기술이 사회에 끼친 영향력에 입각해야 한다. 따라서 필자는 역사적으로 산업혁명을 농업기술혁명, 기계기술혁명, 디지털기술 혁명으로 구분하고자 한다. 이는 각 기술혁명기에 따라 사회계층의 일대 전환이 있었기 때문이다. 기술 기반 산업혁명들은 인간의 편의를 높여준 반면 오히려 새로운 소외계층들을 탄생시켰다. 농업기술혁명 이후 풍부한 생산성과 잉여 농산물에도 불구하고 발생한 농노계층, 기계기술 혁명 이후 사회적 편익 확대와 노동 생산성의 고도화에도 발생한 노동자 계층처럼 디지털혁명 이후 발생할 것으로 보이는 디지털 기술 혜택을 누리지 못하는 소외계층을 디지털 슬레이브Digital Slaves라 칭한다.

'보이지 않는 손(케인즈)'에 의해 개인의 능력을 극대화할 수 있는 기반을 제공한 '순수자본주의'는 금융이라는 '보이는 손'이 주도하는 '금융 자본주의'로 변화되고 금융의 힘이 커지면서 변질된다. 탐욕스러운 금융 자본주의로 인해 파생되는 문제점을 자본주의 시스템 내에서 스스로의 자정작용에 의해 해결하려는 노력과 시스템을 갖춘 자본주의로 재탄생 시키는 것을 목표로 하는 경제 시스템을 '정제된 자본주의'라 정의한다.

산업구조적 문제점과 기업의 리스크 관리 비용, 과도한 금융비용을 제거함으로써 소비자에게는 실질소득의 향상을, 공급자에게는 예측 가능성 있는 기업 경영을, 금융에게는 금융의 바른 역할을, 국가에게는 국민이 디지털 슬레이브가 되지 않도록 호혜의 상생 생태계를 조성하는 것을 목적으로 하는 누림의 경제를 말하는데, 이를 실천하기 위한 사회 구조적 알고리즘이 바로 '크립토 경제'라고 할 수 있다.

'크립토 경제'를 이루는 누림의 경제 정신과 블록체인, 암호화폐는 정제된 자본주의를 확대하고 완성하는 '혈액' 역할을 하고 있다. 서민들은 블록체인 기반 크립토의 공유 비즈니스로 인해 생활비가 낮아짐으로써 실질소득이 증가해 삶의 여유가 생긴다. 삶의 여유는 곧 여행, 교육, 의료, 복지 등의 비용으로 지출되어 삶의 질을 높인다.

탈금융을 위한 다양한 사회적 노력 중에 희망적인 면도 있다. 식비의 70퍼센트 할인 가능성을 단체급식 시스템을 통해 확인했다. 한우 실물 자산투자조합을 통한 반값 한우의 생산 가능성을 확인했으며, 블랙프라이데이나 중국의 광군제(11월 11일)와 같은 기념일 할인을 통해 공산품의 50퍼센트 이상 할인 가능성도 확인한 상태다. 공동구매를 통해 구매 조건부 생산의 원가 경쟁력이 확인되어 크립토 경제가 이상이 아닌 실현 가능성 있는 경제 시스템이라는 점이 확인되었다.

암호화폐의 핵심 용어 정명(正名)

분산장부 저장기술 Block Chain

통신망Network에 존재하는 정보를 한곳Server이 아닌 많은 조각Block을 내어 여러 곳_{Multi-Server}에 분산하여 저장함으로써 정보의 안전성을 높일 수 있는 기술로 보안 능력이 탁월해 비밀정보, 개인정보, 금융거래정보 등에 적합한 기술이다.

분산저장된 정보들을 사용할 때 각 조각_{Block}들을 서로 맞춰볼 수 있도록 쇠사슬_{Chain}처럼 연결해 놓는다 해서 블록체인(분산장부 저장기술) 기술이라고 한다.

암호화폐|Crypto Currency

분산저장을 위해서는 조각을 보유하는 참여자들이 많이 필요하므로 분산저장에 참여하는 이들에게 대가로 지불하기 위하여 발행하게 된 것이 암호화폐이다.

한국의 품앗이와 유사한 개념이다.

암호화폐! 넌 누구니?

암호화폐의 특성을 정의하기란 쉽지 않다. 블록체인의 발전을 위한 마중물 역할을 하고 있으나 현재는 상상 초월할 정도의 식욕으로 자본주의의 구성 요소들을 삼키면서 덩치를 키우고 있다. 아직도 계속 무한 확장하고 있다.

암호화폐는 교환화폐와 주식투자 성격 외에도 크라우드 펀딩, 공동구매, 대출채권과 포인트, 결제 시스템, 신탁, 자사주, 수집품, 저축예금, 보험, 금융상품, 공유자산, 기본 소득, 선물카드, 스톡옵션, 보상, 기부, 실물자산 펀드, 상장주식, 엔젤투자, 신용장, 거래 수단, 상조 등 자본주의 경제하에서 운영되고 있는 다양한 상품, 서비스, 시스템의 성격을 고루 갖추고 있다. 이러한 다중적 성격으로 인해 코인을 현재 시스템으로 정의하기란 불가능하다. 따라서 거시적 차원의 철학적 정의를 내릴 수밖에 없는데 바로 '정제된 자본주의를 완성하기 위해 수행되는 누림의 비즈니스를 촉진하는 촉매제'로 정의하고자 한다.

암호화폐의 업무 프로세스를 보면 프로젝트 기획, 코인 백서 작성, 설립자와 어드바이저 영입, 크립토재단의 설립, 미트업Meet up 마케팅, 기부 모금(엔젤 모금, 프라이빗세일, 프리세일), ICO(코인 상장) 등을 거치게 된다.

다만 아직 정형화된 룰이나 기준, 규칙, 법률이 없다 보니 코인 발행마다 기준이 다르고, 사업의 피벗이 빠른 기업가, 사업이 제대로 되지 않은 기업, 코인팔이라 불리는 다단계형 모집 대행 조직들이 뒤엉켜 복잡한 형국을 이루고 있는 것처럼 보인다. 그러나 이는 2000년 초 벤처 붐의 혼란을 겪은 세대는 학습 효과로 인해 쉽게 구별하고 이길 수 있는 부분이다.

가장 큰 문제점은 기존 사회경제 체제에 대한 도전으로 비쳐져 이에 반응하는 기득권층과의 갈등에 있다. '탈중앙화'와 '개인정보보호'를 우선시하다 보니 도박이나 마약 자금의 환치기로 사용되거나 해외 재산 도피의 수단으로 사용될 가능성이 있다. 심지어 기축통화의 역할을 위협하고, 탈달러화를 외치기도 하는데 이러한 도전이 기존의 금융 시스템이나 사회 시스템에 큰 혼란을 줄 것처럼 보일 수도 있다. 그동안 서민

지갑에서 쉽게 수익을 챙겨오던 보험, 은행, 증권사 등은 새로운 시대의 혁신을 요구받게 되는 두려움으로 본능적인 거부를 하고 있다. 도입 초기 금융을 법과 규제로 통제하던 각국의 금융감독 기관들도 같은 이유로 크립토의 확장을 막아서고 있다. 비약하자면 코인이코노미는 기득권층이 수백 년간 이루어놓은 경제 시스템 자체를 무력화할 힘을 갖고 있기 때문이기도 하다.

이런 면에서 암호화폐를 비판하는 사람들 대부분은 금융 종사자, 공무원 등 금융자본주의 체제에서 특권을 누리던 기득권층이라는 사실은 전혀 놀랍지 않다. 코인의 다단계 판매, 실현 가능성 없는 코인 스캠, 신뢰성 없는 이들이 주도하는 재단 설립 등은 새로 탄생하는 크립토 경제의 본질이 아닌 새로운 시대에 피할 수 있는 문제점임을 명심하자. 우리에게는 2000년 벤처 거품 당시보다 더 현명하게 문제점들을 해결할 수 있는 경험과 체력이 있다.

암호화폐 경제Crypto Economy

크립토 경제는 사회 발전 달성을 위한 공동의 노력으로 창출된 이익을 공유함으로써 실질소득을 향상해 부의 편중을 막는 '누림의 상생 생태계Eco system'이다. 따라서 향후 발행되는 암호화폐는 '누림의 경제체제CEB, Creating Enjoyed Business'라는 질서Algorism하에서 만들어져야 한다.

크립토이코노미에 참여한 당사자들에게 최대한 이익을 분배함으로써 사회구성원으로서 소속감을 높이고, 비합리적인 원가 체계를 혁신함으로써 실질소득을 향상해 부의 편중을 막고, 디지털기술혁명의 혜택을 누릴 수 있도록 시스템을 마련해야 한다.

크립토랜드 Crypto Land

분산장부 저장기술 기반 암호화폐를 자유롭게 발행, ICO, 운영할 수 있는 '특별자치지역'을 말한다. 금융이 발전한 곳일수록 암호화폐를 수용하기 어려운 데다 상당한 규제로 인해 암호화폐 발행기관들은 규제가 적고 보다 자유로운 곳을 찾고 있다.

이처럼 블록체인을 기반으로 하는 금융 시스템은 4차 산업혁명의 핵심인데도, 각국의 제도권에 치명적인 영향을 주기 때문에 기존의 기득권 세력(금융권 등)이 규제하고 있는 실정이다(미국, 중국 등 패권주의 국가들이 해당).

블록체인 기업을 유치하는 크립토랜드를 시행하는 국가는 기존 금융의 중심인 뉴욕 월가처럼 암호화폐 금융 중심지로 발전할 수 있는 잠재력을 확보하여 국가 경제 발전에 엄청난 기여를 할 수 있다.

ICO

ICO Initial Coin Offering는 블록체인 기반의 암호화폐 코인을 발행하고 이를 투자자들에게 판매해 자금을 확보하는 방식이다.

코인이 가상화폐 거래소에 상장되면 투자자들은 이를 사고팔아 수익을 낼 수 있다. 투자금을 현금이 아니라 비트코인이나 이더리움 등의 가상화폐로 받기 때문에 전 세계 누구나 투자할 수 있다. 암호화폐 공개는 IPO처럼 명확한 상장 기준이나 규정이 없기 때문에 사업자 중심으로 ICO 규정을 만들 수 있어 상당히 자유롭게 자금을 모집할 수 있다.

주식공개상장_{IPO}이나 벤처자금_{Venture Capital} 같은 다른 형태의 자금 조달 방식들과는 달리, 투자자들은 해당 회사의 지분을 소유하는 것은 아니다. 대신 투자자들이 ICO를 통해 구매한 코인은 최종적으로 생산될 제품이나 서비스에 쓰일 수 있다. 또한 발행된 코인의 가치가 상승하면 현금화하여 수익을 낼 수 있다.

메인넷Mainnet과 디앱DApp

메인넷은 메인 네트워크_{Main Network}의 줄임말로 암호화폐의 기존 플랫폼(이더리움, 퀀텀, 이오스 등)에서 독립하여 퍼블릭 블록체인 생태계를 구성함을 의미한다. 퀀텀의 경우 이더리움의 디앱_{DApp}에서 시작해 결국 독립함으로써 자체 수십 개의 디앱을 구성하고 있다. 메인넷의 암호화폐를 코인이라 하고, 디앱의 암호화폐를 토큰이라 한다.

디앱 또는 댑_{DApp}은 이더리움이나 퀀텀 등 메인넷 플랫폼 위에서 작동하는 탈중앙화된 애플리케이션이다. 퀀텀을 메인넷으로 사용하는 디앱은 퀀텀 기반 디앱이라고 표현한다.

은하계 속에 여러 개의 태양이 이더리움, 퀀텀, 이오스로 비유된다면, 태양 주위를 돌아 에너지를 받는 행성들을 디앱_{DApp, Decentralized Application}이라 부를 수 있다. 최근 이오스가 이더리움으로부터 독립을 선언했듯이

이더리움의 디앱 약 1천여 개

중장기적으로 독립이 가능하다.

암호화폐의 문제점과 해결 과제

기득권의 저항

① 금$_{Gold}$ 대체제로서의 역할이 기축통화인 달러의 경쟁 상대가 될 것으로 예측됨으로써 기존 기득권 세력의 저항이 높다.

② 금융 거품이 제거됨으로써 수익성이 낮아지는 금융기관들의 역

할 재조정에 대한 요구에 저항하고 있다.

③ 은행, 카드사, 결제회사, 보험사, 증권사, 상조회사 등 금융자본주의가 이미 깊이 정착된 경제체제에서 금융 시스템의 대체는 사회적 혼란을 야기할 수 있다.

④ 대기업 위주의 유통망을 흔들 가능성이 있다.

암호화폐의 신뢰도

① 참여, 공유, 개방을 지향하는 철저한 사회적 목적 실현을 위한 철학이 없는 암호화폐들이 발행되어 시장 혼란이 야기되고 있다.

② 실제 가치보다 낮은 크립토들이 특정 세력이나 특출한 마케팅 능력으로 높은 평가를 받고 있어 크립토 거품론이 일어나고 있다.

③ 지속 가능성 없는 크립토들이 발행되어 규제와 감시의 대상이 되고 있다.

④ 금융을 보호하고 시장을 안정화하려고 만들어진 기존 법률들과 새로운 개념으로 탄생한 크립토가 충돌함으로써 시장 신뢰도를 담보할 수 없다.

⑤ 크립토를 투기의 수단으로 바라보는 투자자들의 불순한 노력들이 있다.

⑥ 크립토의 익명성으로 인해 발행된 크립토를 특정 보유자가 지나치게 보유함으로써 탈중앙화 정신이 퇴색하고 있다.

⑦ 채굴자가 특정 국가에 집중됨으로써 탈중앙화를 위협할 수 있는

소지가 있다.

크립토 데스밸리

최근 크립토 시장에 대해 우려하는 사람들이 늘어나고 있다. 좋은 취지인 것 같은데 너무 많은 크립토가 나오고 있으며, 나이를 불문하고 크립토에 투자하고 있기 때문이다. 수천 개의 크립토들이 발행되고, 비즈니스 경험이 없는 프론티어와 크립토이코노미스트들이 시장에 뛰어들고 있다.

1~2년 안에 수천 개의 선도 크립토들이 장렬히 전사할 것이다. 이것이 크립토 데스밸리다. 누림의 경제철학 없이 설계된 대부분의 코인들은 금융 출신들이 금융공학적 설계를 맡아왔다. 크립토의 금융상품화 성향은 이 때문이다. 그러다 보니 불법적인 요소나 모집의 불투명성, 다단계 형식의 크립토 판매로 수명을 다할 시기가 다가오고 있다.

용어 정리:참여, 공유, 개방

통신망의 발달로 이제 세계는 모두가 참여하고, 모두가 공유하며, 모두에게 개방되는 세상이 도래하고 있다. 인터넷의 발전으로 예견된 참여경제, 공유경제, 개방경제라는 비전은 분산장부 저장기술과 암호화폐의 발달로 현실화되어 가고 있다. 다만 참여와 공유, 개방의 절차와 방식, 순서의 중요도 등에서 사회적 합의가 필요한 상황이다. 내부 질서 Algorism가 완성되기까지는 시간과 노력 그리고 인내가 필요하다. 그러나 암호화폐가 참여, 공유, 개방이라는 철학적 근거에서 탄생하였기에 내부 질서가 완성되지 않았다 하더라도 궁극적인 방향은 참여, 공유, 개방의 정신을 따라야 한다. 이 정신이 흐트러지지 않는 한 기득권의 저항, 낮은 신뢰도, 각종 비방과 악용 사례들로 인해 위협과 위기가 찾아온다 하더라도 이겨나갈 수 있는 정신적인 토대가 될 것이다.

암호화폐의 악용 가능성

① 부의 외부 유출 가능성이 있다.

② 도박, 탈세, 마약의 거래 자금으로 활용될 수도 있다.

③ 분산장부 저장기술의 검증이 필요하다.

④ 거래화폐인 전자화폐와 혼동함으로써 암호화폐의 기능을 무력화하는 노력이 있다.

⑤ 새로운 권력이 탄생할 수도 있다.

오를 수 없는 구조

ICO 전에 모금이 끝난 코인이 있다. 프라이빗세일과 프리세일로 모금이 완료된 코인이다. 훌륭한 코인인가? 금융구조적으로 보면 선투자는 금융기관들이고, 금융기관들은 소셜임팩트에 별 관심이 없다. 그들은 수익률에만 집착한다. 거래소 상장 이전에 할인된 금액으로 코인을 구매한 금융기관들은 할인율만큼만 벌어도 30~70퍼센트의 수익을 단기간에 얻을 수 있다. 결국 ICO나 거래소의 거래가 시작되자마자 속칭 코인을 던질 가능성이 높다. 더불어 코인이 분산 소유되어 있지 않아 소수가 코인의 가격을 지배할 가능성이 매우 높다. 이러한 이유로 아무리 좋은 코인을 설계해도 오를 수 없는 구조가 만들어진다.

돈을 버는 기회와 도구

수십 명의 크립토이코노미스트들과 인터뷰해 본 결과 크립토 비즈니스에 참여하고 있는 분들이 조심해야 할 부분이 있어 정리해 본다.

자가 체크리스트

☐ 투자한 코인 이름을 제대로 모른다.

☐ 미심쩍긴 하지만 주위의 강권으로 투자했다.

☐ 살 때보다 1천 퍼센트 이하 빠졌다.

☐ 투자한 거 잃어버리고 산다.

☐ 플랫폼 비즈니스 모델이 무엇인지 잘 모르겠다.

☐ 오르는 이유도 내리는 이유도 모르지만, 단지 오르기를 바랄 뿐이다.

☐ 왜 에어드롭을 이렇게 많이 해준다고 하는지 모르겠지만 많이 준다고 하니 좋다.

☐ 재단에 올려진 이름(인맥)으로 누른다.

☐ 해외 알 수 없는 인맥을 가져다 댄다.

☐ 주위의 투자한 사람을 이용해서 유혹한다.

□ 당장 구매해도 토큰이 나오지 않는다.

□ 지금 코인 가격도 모른다.

□ 상장되었다는 거래소 이름도 모른다.

□ 코인이 기술만 강조하고 있고, 어떻게 사회적으로 확장할지 모른다.

크립토이코노미스트들의 문제점

- 시장 없이 아이디어만 있다.

- 기성세대를 무시한다.

- 단기적 금융 설계를 한다.

- 내로남불(내가 하면 로맨스, 남이 하면 불륜)이 심하다 .

- 단편적인 부분에 집착한다.

- 세상을 바꾸겠다는 과대망상이 있다.

- 잘 모르면 스캠이라 치부한다.

- 무조건 거부하다 갑자기 크립토 전도사가 된다.

- 한탕주의가 많다.

- 구글, 네이버 등 대기업 출신은 잘할 것이라 맹신한다.

- 탈중앙화가 신념이요 철학이라고 믿는데 알고리즘이 없다.

- 기술적 접근을 우선적으로 한다.

- 핵심성과지표KPI 없는 머릿속 비즈니스 모델을 설계한다.

- 수치로 설득하거나, 수치로 얘기하지 않는다.

- 인신공격이 극에 달한다.
- 남에게는 크립토를 받아들이라면서 스스로는 쇄국 마인드가 된다.
- 남이 돈 번 얘기만 동경한다.
- 다른 코인은 다단계 취급한다.
- 회원만 늘리면 다 된다고 생각한다.
- 수단과 방법을 가리지 않고 모금한다.
- 코인 발행 이후의 관리 시스템이 없다.
- 금융공학적 설계는 있는데 누림의 사회철학이 없다.

알리바바의 마윈 회장이 남긴 말이다.

자유를 주면 함정이라 얘기하고
작은 비즈니스를 얘기하면 돈을 별로 못 번다고 얘기하고
큰 비즈니스를 얘기하면 돈이 없다고 하고

새로운 것을 시도하자고 하면 경험이 없다고 하고
전통적인 비즈니스라고 하면 어렵다고 하고
새로운 비즈니스 모델이라고 하면 다단계라고 하고
상점을 같이 운영하자고 하면 자유가 없다고 하고
새로운 사업을 시작하자고 하면 전문가가 없다고 한다.

그들에게는 공통점이 있다.

구글이나 포털에 물어보기를 좋아하고

희망이 없는 친구들에게 의견 듣는 것을 좋아하고

자신들은 대학 교수보다 더 많은 생각을 하지만

장님보다 더 적은 일을 한다.

그들에게 물어보라. 무엇을 할 수 있는지?

그들은 대답할 수 없다.

내 결론은 이렇다.

당신의 심장이 빨리 뛰는 대신

행동을 더 빨리 하고

그것에 대해서 생각해 보는 대신

무언가를 그냥 하라.

가난한 사람들은 공통적인 한 가지 행동 때문에 실패한다.

그들의 인생은 기다리다가 끝이 난다.

사회통합 영역으로의 진입

진입 조건

기업이 크립토이코노미에 참여하려면 다음의 조건이 필요하다.

첫째, 정제된 자본주의를 실현시키려는 비전을 제시해야 한다. 이 비전에서 사회를 변화시키는 프로젝트가 나오고 크립토재단 설립의 목적이 나온다. 왜 이 프로젝트와 크립토가 사회적으로 필요한지 명확한 목표를 제시해야 한다. 공개된 크립토 백서들을 살펴보면 페이먼트 코인에서 플랫폼 코인으로, 이후 유틸리티 코인으로 확대되는 것을 볼 수 있다. 특별히 기업은 기존의 사업을 크립토이코노미 아래 위치하도록 변경하는 리버스 ICO에 주목할 필요가 있다. 기존의 사업 모델과 블록체인 기술을 접목하는 융복합 모델 코인 비즈니스가 가능하기 때문이다. 글을 올리거나 댓글을 달면 코인을 제공하는 '스팀잇' 코인이 대표적인 리버스 ICO 코인이다.

둘째, 1천만 명 이상이 혜택을 받고, 참여할 수 있는 프로젝트여야 한다. 지역경제 활성화만으로는 코인을 구매할, 또한 코인 가격을 유지할 수 있는 동력이 부족하다. 한국 내의 시장만을 공략하는 국내 기업을 외국 투자자가 투자할 리 없는 이치다. 국내 유통망을 대상으로 결제 시스템을 구축하는 로컬 비즈니스 모델로 제시하거나 전 세계에서 우리 코인을 결제 수단으로 사용하게 만들겠다는 근거 없는 자신감만을 제시하고 있는 코인은 주의해야 한다. 이는 크립토를 이해하지 못한 섣부른

기획이다. 벤처 붐 초기 수천 개의 인터넷 기업들이 글로벌 포털 서비스를 하겠다고 외치면서 투자를 받아 시장에서 사라졌던 것을 기억하면 쉽게 이해할 것이다. 여기서 1천만 명은 다소 과장된 숫자이나 국내 비즈니스에 종속되지 못하도록 경고하는 상징적 숫자다. 1천만 명 정도가 사용해야 그들이 얘기하는 거래용 크립토 가격이 유지될 수 있다. 앞서 예를 든 이국종코인이나 현역병공제코인은 크립토 경제가 안착되었을 때 가능한 코인으로 이해를 돕기 위한 가상의 로컬 코인이다.

셋째, 현실 가능한 크립토의 비즈니스 모델이 있어야 한다. 크립토를 발행했을 때 왜 크립토를 사야 하는지, 어떤 혜택을 투자자와 사회가 받게 되는지, 어떤 사업을 어떻게 실현할 것인지, 기부받은 재단의 자금을 어떻게 어디에 사용할 것인지, ICO는 언제 어떠한 방식으로 할 것인지, 크립토의 유통이나 가격이 어떻게 유지될 수 있는지 등에 대한 명확한 대안을 제시해야 한다. 크립토 비즈니스 모델링에서는 사회공학적인 명분, 정보공학적인 기술 안전성, 금융공학적인 가치 설계가 결합되어야 한다. 아직 크립토 백서에는 포함되어 있지 않지만 리버스 ICO의 경우에는 특히 KPI(핵심성과지표)를 제시해야 한다. 그동안 사업을 수행했던 경험으로 축적된 기술과 경험이 크립토와 결합되면 폭발적인 가능성이 있을 것이라는 백서 내용이 공상소설이 되지 않으려면 KPI를 제시하는 것이 매우 중요하다. 앞으로 KPI를 제시하지 못하는 크립토도 스캠으로 분류될 것이다.

필자는 《스타트업 패러독스》(2017년, 혜성출판)에서 "세상에 나쁜 아이템은 없다. 나쁜 시장만 있을 뿐이다"라고 말했다. 크립토 비즈니스도 마찬가지라 할 수 있다. 처음부터 사기를 목적으로 크립토를 발행한 것이 아니라면 나쁜 크립토는 없다는 얘기다. 물론 시장에 적합하지 않은 크립토들이 늘어나고 있음은 걱정이다. 그러나 프로젝트의 설계가 조금 부족한 부분을 보완한다면 사회에 큰 기여를 할 수 있는 크립토들이 더 많다는 점은 위안이다.

크립토는 크게 3가지 공학적 설계 요소가 필요하다. 정보공학적 설계는 탈중앙화를 실현할 블록체인의 차별화를 목표로 한다. 금융을 대체할 크립토의 가치를 유지하고, 참여자들이 참여할 수 있는 동기를 부여하는 금융공학적 설계 그리고 사회통합을 위한 프로젝트를 실현하기 위한 사회공학적 설계 요소다. 대부분 크립토 백서들을 보면 3가지 요소들이 포함되어 있다. 기술 개발 출신들은 주로 보안이나 속도 등에 초점을 맞춘다. 금융인 출신들은 수익 창출에 초점을 맞추고 있다. 사회운동가 출신들은 사회적 이익 실현에 초점을 맞춘다. 조금씩 지향하는 방향이 다르긴 하지만 크립토 정신은 다르지 않다. 그러나 백서에 3가지 요소가 포함되어 있는데도 왜 서로를 스캠성 크립토로 분류하며 비판할까? 바로 설계 알고리즘에 있어 핵심성과지표[KPI] 부족 때문이다.

크립토 설계의 3가지 공학적 알고리즘은 선언적이고 주관적이다. 프로젝트 운영을 위해서는 객관적인 목표를 제시함으로써 크립토재단이 추구하는 목표를 명확히 해야 한다. 객관적 목표 제시는 크립토 운영자나 수혜자 모두 검증할 수 있도록 만들어준다. 그렇지 않으면 운영상 문제점이 나타나 변질되고, 투명성이 부족해 사회적 물의를 일으키며, 주관적 결정에 대한 외부의 비판이 끊이지 않을 것이다. 심지어 비도덕적 요인을 프로젝트에 도입하고도 문제를 인지하지 못할 수도 있다.

전기차 플랫폼 공동구매를 위한 크립토를 발행하기로 한다. 6천만 원에 달하는 인휠 방식(전기자동차 바퀴의 휠 안에 모터를 장착하여 파워트레인을 없애고 동력을 발생시키는 전기차 기술) 플랫폼을 1500만 원에 공급할 수 있도록 크립토를 설계했다. ICO 시초가 1만 원인 크립토를 1천 개 갖고 있는 이용자는 2년 후부터 500만 원을 추가로 지급하면 1500만 원에 전기차 플랫폼을 공급받을 수 있다. 전기차 플랫폼 크립토의 명확한 KPI는 구매 가격 70퍼센트 절감이다. 이 목표를 달성하기 위한 다양한 프로토콜(노력) 설계와 프로그램이 마련될 것이다. 최종적으로 구매가 70퍼센트 절감은 전기차를 개도국에 보급하는 데 큰 역할을 하게 된다. 바로 '누림의 경제' 실천이 가능한 것이다. 명확한 목표가 있는 크립토는 실패할 수는 있어도 변질되지는 않는다.

일부 크립토가 카지노의 환치기를 위해 설계되거나 전 세계인을 대상으로 한 쇼핑몰을 통해 구매자에게 포인트로 크립토를 지급하는 방식으로, 크립토를 생활 속에서 사용하게 하겠다는 모델을 제시하는 것은 명확한 공학적 알고리즘에 객관적인 KPI를 제시하지 못해서 생긴 오류다. 크립토를 실생활에 쓰겠다는 주장도 결제 속도를 KPI로 제시하는 실수를 범하고 있다. 크립토가 비록 특정한 단어가 없어 화폐라는 용어를 차용하고 있지만 크립토는 화폐로 한정될 수 없는 복잡한 개념을 보유하고 있는 외계어다. 화폐가 있고, 신용카드에 온라인 페이 시스템이 구축된 금융국가에 굳이 탈중앙화로 인해 속도에 한계를 가질 수밖에 없는 크립토를 실시간으로 쓰게 하겠다는 발상 자체가 길 잃은 양의 모델이다. 떡볶이를 먹기 위해 삼성 주식을 팔 사람이 몇이나 되겠는가? 그것도 0.00000012단위로 말이다. 크립토의 실생활 사용은 분산저장 시스템의 트랜잭션(트래픽) 부화를 높이게 된다. 또한 크립토의 가격 변동성 위험을 제거하기 위해 억지로 설계하다 보니 크립토 구매에 있어 락업용 크립토 계정이 나오거나 캐시형 스테이블크립토, 크립토의 가치를 일정 기간 이후 몇 배를 올려주겠다는 옵션형 금융상품과 같은 크립토 괴물이 탄생하고 있다.

크립토프로젝트는 다른 크립토 대비 우리가 더 빨리 결제하겠다는 기술 향연의 장이 아니다. 누림의 경제 실현을 위한 공학적 알고리즘의 설계와 명확한 목표 KPI 설정 안에서 크립토프로젝트가 설계된다면 암호화폐에 대한 지금의 우려를 한 번에 씻을 수 있다.

중소기업의 새로운 사명

우리는 경제학 교과서에서 기업의 설립 목적은 이익을 극대화하는 것이라고 배웠다. 구체적으로는 주주의 이익을 극대화함으로써 경영자가 보상을 받는 구조다. 그러나 이러한 기업의 태생적 한계로 인해 다양한 사회적 문제들이 발생한다. 이에 대한 해결책으로 기업가정신을 강조하거나 기업의 사회적 책임에 대한 논의가 활발해졌으나 회계 부정이나 재벌 문제, 노동 착취 등 기업의 태생적 한계에서 오는 문제점을 제대로 막지 못하고 있다.

이제 금융자본주의의 자정작용으로 탄생한 크립토 경제하에서 탄생한 크립토 블록체인 기업에게는 새롭고 명확한 사명을 제시해야 한다. 크립토 블록체인 기업이 정제된 자본주의를 실현하기 위해 수행해야 할 미션은 바로 우리 시대 서민들의 '디지털 슬레이브 계층화'를 막는 것이다. 디지털혁명으로 이루어진 풍요로운 시대에 디지털 혜택을 받지 못하고, 높은 디지털 비용으로 오히려 상대 소득이 떨어지고, 찌들린 삶을 사는 계층이 늘어나는 것을 막아야 하는 사명이다. 이미 디지털 슬레이브화의 조짐은 여러 면에서 보이고 있다. 월 200만 원 급여 소득자가 휴대폰 리스 요금과 통신료, 케이블TV와 부가 서비스 사용료로 15~20만 원 정도 소비하고 있음은 놀랄 일이다.

디지털 비용을 낮추는 것은 금융비용과의 싸움이다. 기업의 기회손실, 리스크, 자본 조달 비용, 시장 개척 비용, 판매비 등 금융 거품 비용이 원가에서 너무 많은 비중을 차지하고 있다. 물론 우리는 생산, 유통과 물류 등의 과정이 산업을 이루고, 일자리를 만들고, 산업 기반을 구축해 왔음을 잘 알고 있다. 그러나 금융과 결합된 산업 기반이 심하게 왜곡되어 있음도 잘 알고 있다. 국내의 경우 40조 원에 달하는 보험과 은행권 금융기관의 당기순이익과 120조 원이 넘는 구글의 광고 매출이 이것을 증명하고 있다.

경영학에서는 이 복잡하고 높은 비용이 우리의 일자리이자 소득 원천이라고 배웠지만 더 이상 거짓말은 통하지 않는다. 정보 독점, 독과점, 복잡한 유통망, 과도한 금융이자 등으로 인해 산업 기반의 주체인 서민의 삶이 오히려 피폐해지고, 일자리는 줄어들고, 빈부 격차는 더욱 벌어지고 있다. 깜짝 놀란 정부에서 복지정책을 강화함으로써 격차를 줄여보고자 하지만 이미 브레이크 없는 기차가 되어버린 탐욕의 금융자본주의를 막을 수는 없다.

이제 대안을 찾아야 한다. 상대 소득이 높아지고, 사회경제적 혜택을 누리며, 기업과 소비자, 금융과 정부가 함께 윈윈할 수 있는 구조로 개편되어야 한다. R&D 투자 비용의 배분, 대량 구매를 통한 기회손실 비용 절감, 악성 재고 비용 축소, 경영진의 무능에 따른 비효율성으로 올라가는 간접비의 책임 전가 방지, 금융권의 높은 이자비용 최소화 등은 안전적인 판매, 공급망, 선결제 등의 요건으로 해결될 수 있는 절감 가능한 비용이다.

크립토는 탐욕스러운 금융에 맞선다. 금융비용을 최소화하는 알고리즘으로 원가를 줄여 주주가 아닌 소비자에게 공유하고, 실질소득을 높여 다 같이 잘살 수 있는 사회를 꿈꾼다.

크립토재단의 프로젝트들이 대부분 추구하는 것이 자세히 보면 탈금융화를 밑바탕에 깔고 있음을 알 수 있다. 이 역할을 대신해 주는 일꾼이 바로 블록체인을 기반으로 한 '크립토 블록체인 기업'이다. 대기업은 이미 크립토 블록체인 기업으로의 전환이 불가능하다. 기존의 주주와의 관계, 기득권, 영업권, 노조, 고정화된 간접비, 이미 투자된 자산 등으로 정제된 자본주의를 추구하기 곤란한 상황이다. 120조 원에 달하는 구글의 광고 수익 90퍼센트를 빅데이터 저작권의 실제 소유자인 구글 사용자들에게 나눠 준다면 구글의 주주들이 동의할 수 있겠는가? 이제 크립토 블록체인 기반의 새로운 기업 시대가 도래한 것이다.

혁신과 금융

난센스 퀴즈가 있다. 3명의 혁신기업 임원들이 창업을 한다. 구글 부사장 출신의 CFO와 애플 부사장 출신의 CMO, 삼성전자 출신의 CTO다. 이들이 크립토 비즈니스를 설계한다면 투자하겠는가?

필자는 단연코 '노No'다. 그들의 화려한 경력 속에 흥미로운 약점이 숨어 있기 때문이다. 그들 모두는 '혁신'으로 성공한 인물들이다. 그런데 돈은 무엇으로 벌었을까? 아쉽게도 '혁신'이 돈을 벌어다주지는 않는다. 혁신기술을 보유했다고 돈을 벌어주지는 않는다. 에디슨과 테슬라의 일대기를 비교해 보라. 21세기에 성공한 구글, 애플, 삼성전자의 공통점은 바로 혁신과 금융의 결합으로 성공한 기업들이라는 점이다. 즉, 이 기업들 모두 금융을 통해 돈을 벌었다. 철저한 원가 분석과 글로벌 경영으로 제조원가를 축소하고, 대량생산과 글로벌 마케팅을 수행하고, 리스나 렌탈 설계를 통해 매출이 일어난 기업들이다.

결론적으로 창업자 3명은 혁신의 경험과 금융의 경험이 풍부한 사람들이다. 그런데 크립토 비즈니스에 필요한 것은 돈을 버는 데 초점이 맞춰진 금융이 아니다. 금융을 대체하여 '누림의 경제'를 지향하는 크립토가 필요하다. 그러나 금융 경험이 많은 그들은 금융의 테두리에 갇혀 크립토 설계에 있어서도 금융 기법을 도입하게 될 것이다. 결국 탈금융의 한계에 부딪힌다는 의미다. 그들이 설계한 크립토는 '누림의 경제' 모델이기보다는 금융 파생상품에 가깝게 설계될 것이다. 현대 금융의 특징은 인간이 인지하지 못할 정도로 복잡하게 설계되어 있다. '금융공학이라 쓰고, 컴퓨터 공학이라고 읽는다'라는 자조 섞인 말이 있을 정도다. 크립토 백서에 금융이 좋아하는 용어인 리스크 헷지Risk Hedge, 배수, 배당, 락업Lock up, 옵션Option, 리얼타임Real Time, 교환, 결제, 변동, 복합 등의 단어가 많이 나오면 크립토의 탈을 쓴 금융으로 보아도 무난하다. 그들의 작품이라는 뜻이다.

컴퓨터만이 알 수 있도록 복잡하게 설계된 금융과 전 세계 일반인들도 참여할 수 있는 크립토는 목표마저 다르다. 금융은 투자자들에게, 크립토는 생태계에 참여한 구성원들에게 혜택을 제공하는 것이 목표다. 혁신과 금융이라는 화학적 결합으로 성공한 3명의 창업자들이 새로운 파

	금융	크립토
지향 기간	단기적	중장기적
설계 목표	돈을 벌도록 설계	누리도록 설계
표현 형태	혁신과 금융과의 결합 -금융자본주의 철학	혁신과 크립토와의 결합 -크립토 자본주의 철학
혜택	투자자 우선주의	참여자 우선주의
궁극적 목적	성공과 소득 증대	상생 생태계 조성

괴적 혁신이 필요한 크립토 패러다임을 받아들이기 어렵다고 보는 이유다. 산업화사회에서 최고의 기업이었던 GE나 GM 출신들이 구글이나 아마존을 설계하지 못한 이유다. 단연코 정보화사회를 주도한 애플과 구글 출신들에게서 금융을 배제한 크립토 사회를 주도하는 기업을 만들지 못하리라는 것은 예측이 아니라 역사다.

크립토 경제의 시장원리

크립토는 크게 2가지로 나눠진다. 퍼블릭 블록체인을 운영함으로써 기축통화와 유사한 역할을 수행하고 있는 플랫폼 화폐, 비즈니스 모델을 중심으로 화폐 발행을 통한 사업자금을 조달하고 이를 플랫폼 화폐로 교환함으로써 유동성을 확보하는 비즈니스형 화폐(메인넷, 디앱, 모화폐/자화폐, 유틸리티 토큰, 에셋 토큰, 페이먼트 토큰 등의 용어가 있으나 아직 확정된 정의는 없으며, 최근 크립토들은 성격들이 융복합되어 있어 가장 간단히 정리한 것)이다.

우리가 알고 있는 비트코인, 이더리움, 이오스 등은 자체 블록체인 생태계를 가진 플랫폼형 화폐다. 이해하기 쉽게 비교하자면 국제 간 거래가 가능한 달러, 엔화, 위안화 정도이다.

비즈니스형 화폐는 크립토재단의 설립 목적인 공유 비즈니스 프로젝트를 달성하기 위해 발행하는 사업 목적성 수단으로 결제 수단, 배당 수단, 교환 수단, 적립금 대체, 보상 수단, 공동구매 수단의 성격을 갖는다. 달러, 엔화, 위안화를 제외한 각 국가별 화폐나 기업이 발행한 채권들로 자국에서는 교환되지만 국제 거래에서는 인정받지 못하기에 국제 간 거래 시에는 플랫폼 화폐로 전환하게 되는 거래 수단이다.

크립토 경제는 참여, 공유, 개방이라는 시장원리를 갖고 있다. 지면상 모두 설명할 수 없지만 암호화폐 속에는 ① 공동구매의 원리, ② 참여 동기의 원리, ③ 공익성의 원리, ④ 수익가치의 원리 ⑤ 경제수단의 원리 ⑥ 공유경제의 원리 ⑦ 품앗이의 원리, ⑧ 신용분산의 원리, ⑨ 계약이론의 원리가 융합되어 '참여, 공유, 개방'이라는 시장원칙을 뒷받침하고 있다.

상기 원칙에 의거 암호화폐는 ① 공동구매의 수단으로써 암호화폐가 사용될 뿐 아니라 ② 투자 수단, ③ 기부 수단, ④ 금융상품, ⑤ 거래 수단, ⑥ 복지 수단, ⑦ 보상 수단, ⑧ 신용의 수단, ⑨ 탈중앙화 수단의 역할을 하고 있다. 산업별 비즈니스 프로젝트와 역할별 암호화폐가 결합되어 발행되기 때문에 이루 말할 수 없이 다양하다.

앞으로 20년 내에 기부, 보험, 채권, 주식, 상장, 저축, 종이화폐, 쿠폰, 적립 포인트라는 용어가 사라질지 모른다. 잘 키운 크립토 하나가 그 모든 역할을 할 수 있기 때문이다.

주식회사의 종말

주식회사의 탄생

복식부기가 자본주의를 공고히 한 주역이었다면, 주식회사는 자본주의를 세계적으로 확대하는 트리거(방아쇠) 역할을 한 주역이다. 개발자가 기술을 개발하고, 상용화하는 데 주주의 자본은 큰 힘이 된다. 미래의 가능성을 보는 주주의 초기자본 투자는 세계적인 기업을 탄생시켰다.

주주들이 모여 기업을 설립하고, 전문 경영진을 선임하여 기업을 운영하는 시스템은 소유권과 경영권의 분리라는 이상적 목표를 지향했다.

주주 우선주의의 병폐

그러나 태생적 한계도 존재했다. 바로 주주의 투자 목표가 주주 이익의 극대화를 지향하고 있다는 점이다. 특히 단기적 주주 이익의 극대화를 추구할 경우 사회적 이익에 반할 수 있다.

이 문제점을 에두른 것이 기업의 사회적 책임CSR이다. 개처럼 벌어서 정승처럼 쓰라는 면죄부이기도 하다. 기업의 이익이 곧 사회적 이익이 아니다. 자본주의의 구조적 한계를 인정하고 있는 셈이기도 하다.

심지어 기업의 이익에도 심각한 침해를 줄 수 있다. 부동산 투자나 자사주 소각, 대주주가 경영권을 보유함으로써 기업을 사유화하고, 반사회적 활동을 수행하는 일이 빈번히 일어나기 시작했다. 재벌의 갑질이나 문어발식 사업 확장도 쉽게 볼 수 있다.

주주 우선주의는 거대하고 탐욕스러운 금융자본을 탄생시키면서 종말을 예고한다. 금융 스스로 탐욕을 인정하고 있다.

중소기업의 새로운 자금 조달 방식

리버스 ICO라는 말이 있다. 기존의 비즈니스 모델이 금융자본주의 기반에서는 빛을 발하지는 못하나 크립토 자본주의에서는 최적의 비즈니스가 되는 경우 기존 비즈니스를 크립토를 활용한 비즈니스로 전환하는 것이다. 아직 성공작은 없지만 유망한 중소기업이나 스타트업 기업들이 눈여겨볼 만한다.

크립토 펀드로부터 투자를 받거나 프리세일, ICO 등을 통한 자금 조달의 첫 번째 단계는 정제된 자본주의를 완성할 만한 크립토프로젝트가 있어야 한다. 프로젝트가 준비되면 백서를 통해 크립토를 설계하게 된다.

두 번째 단계는 초기자금 조달이다. 벤처 초창기에는 종이 한 장으로 자금을 조달받았다면, 크립토 시대에는 최소 5~10억 원 규모의 자본이 있어야 한다. 주로 크립토엔젤로부터 조달되는 자본은 법인 설립, 개발 및 마케팅 인력 조달, 해외 재단 설립, 법률 자문료, 홍보비 등에 투자된다. 리스크가 높기에 투자수익률이 매우 높은 단계이고, ICO가 불법으로 규정된 국가에서 합법적으로 크립토에 투자할 수 있는 방식이다.

세 번째 단계는 재단의 설립과 동시에 기부를 받는 것이다. 기부의 대가로 크립토를 제공하기 때문에 세일이라고 표현하고 있다. 크립토 백서를 공개하고, 프라이빗세일이나 프리세일을 기관 및 개인에게 판매하게 된다. ICO 이전이기에 할인율이 높고, 네트워크 내에서만 가능한 기부 판매 방식이다.

다음으로 ICO다. 거래소에 상장하는 단계인데 시초가가 구성되고, 크립토 백서에 언급한 크립토의 총 발행 수량 중 세일 대상 크립토의 판매는 프리세일까지 진행한 후 나머지 크립토를 상장하게 된다. 이때까지 크립토 백서에 표기된 최소 세일 금액(소프트캡)이 모금되지 못하면 재단은 모금 금액을 기부자들에게 돌려줘야 한다.

이러한 형식과 절차로 자본이 조달되면 재단은 프로젝트를 진행하게 되는데 리버스 ICO 기업의 경우 재단으로부터 사업 운영을 대행받아 시행하게 된다. 재단의 사업 유형에 따라 감독기관이 영리사업 또는 증권형으로 크립토를 분류할 경우 세금이나 금융당국의 규제를 받아야 한다는 점은 주의해야 할 사항이다.

2년 전부터 4차 산업혁명이 화두다. 자율주행차, 드론, IoT 등 엄청난 디지털 기술들이 개발되고 있다. 그런데 생각보다 4차 산업혁명이 경제계에 미치는 영향이 미미하다.

산업혁명은 기술로만 발현되는 것은 아니다. 좋은 기술이 좋은 시장을 만들 수 없다는 것은 지금도 진리의 명제다. 혁신된 기술은 당시 사회 상황에 적합한 경제적인 매개체를 만났을 때 기폭제가 된다.

인류는 크게 세 차례 산업혁명기를 거쳤다. 농업산업혁명, 기계산업혁명, 디지털산업혁명이다. 농업산업혁명의 경우 철기의 발명으로 발달한 농기구가 산업혁명을 이끌었다고 볼 수 없다. 실제로는 다양하게 응용되어 발전하던 농업기술 발전이 화폐제와 결합되면서 산업혁명으로 확대되었다. 증기기관으로 대표되는 기계산업혁명도 마찬가지다. 기계기술과 금융이 만나면서 산업혁명으로 일어났다. 4차 산업혁명으로 대표되는 디지털산업혁명도 마찬가지다. IT, ICT, IoT 등으로 대표되는 혁신 기술만으로 산업혁명을 이끌 수 없다. 디지털 기술과 결합될 금융을 대체할 그 무엇이 기폭제가 되어 산업혁명으로 발현할 것이다.

노벨경제학상의 위대함은 미래를 예지하는 능력에 있다.

2016년 복잡한 계산식을 버리고 경제학이라고는 어울리지 않게 '계약이론(올리버 하트 외)'이 노벨경제학상을 수상한다. 2017년에는 행동경제학으로 유명한 '넛지 이론(리처드 탈러 외)'이 선택된다. 효율성 이론이다. 2018년에는 내생적 성장이론(폴 로머 외)이 수상했다.

노벨상이 우리에게 어떤 메시지를 주고 있는 것처럼 보인다. 외계에서 온 존재가 손가락 끝으로 우리에게 무엇인가를 가리키고 있다는 느낌이다. 자세히 보면 노벨경제학상이 추구하는 미래 사회에 대한 명제가 경이로운 무엇인가를 설명하고 있음을 알 수 있다. 이제는 우리가 이 퍼즐을 맞춰야 한다. 노벨상이 추구하는, 사회를 변화시킬 수 있는 그 무엇을 말이다.

계약이론에서 넛지로, 넛지에서 내생적 성장이론으로 노벨경제학상이 진화한 것은 절묘한 신의 한수다. 이 텍스트들을 엮어 콘텍스트가 만들어지기 때문이다. "사회적 합의(계약이론)대로 최적의(넛지) 자원들을 투입하여 보급된 혁신기술과 융복합함으로써 내생적 경제성장을 이루는 사회를 만든다"라는 퍼즐이 맞춰진다.

그럼 계약이론과 넛지, 내생적 성장이라는 순차적 혁신 퍼즐이 완성되도록 유도하는 최적의 매개체는 무얼까?

단연코 크립토다.

누림의 사회는 사회적 합의(계약이론)에 의해 사회통합 목표를 설정하고, 공동체 구성원들의 노력(넛지)으로 공동의 이익을 창출하고, 형평성 있게 분배함으로써 생태계 구성원 전체가 혜택(내생적 경제성장)을 누릴 수 있는 사회다. 크립토는 사회통합, 공동 이익 창출, 형평성 있는 배분이 가능하도록 하는 매개체다. 누림의 사회를 만드는 경이로운 도구인 것이다.

누림의 사회Noorim Society를 만들어가는 데 이론적 기반을 제공하는 경제이론들의 역학관계가 크립토를 통하여 해석되는 것을 보고 노벨경제학상의 위대함을 다시 한번 깨닫게 된다.

| 감사의 말 |

세 번째 저서를 집필하게 된 계기는 무지에 대한 부끄러움이었습니다. 그러나 역사에 단절은 없었습니다. 정반합으로 이어지는 변증법적 역사의 순환은 제 부끄러움을 도전정신으로 바꾸게 했습니다. 대기업, 상장사, 벤처기업, 투자사, 대학 등 경계를 넘나들며 배워왔던 살아 있는 경험이 신비로운 무지와 만났을 때 새로운 도전정신과 열정이 솟아난 것입니다.

이 열정에 불을 붙여주고, 묵묵히 응원해 준 분들에게 진심으로 감사의 말씀을 전합니다.

책 제목부터 감수까지 조언을 아끼지 않았던 첫째 아들이자 동업자 박주한, 가정예배 중에도 암호화폐와 남북경제협력 모델을 설명하고 이를 묵묵히 들어준 나의 아내 기장형과 둘째 박주현에게 고맙다는 말을 글로 대신합니다.

또한 남북경협이 NK코인으로 승화될 때까지 나에게 영감을 주고 새로운 가족이 되어주신 정태헌 회장님, 박철 대표님, 채지웅 대표님께도 감사드립니다. 더불어 감수와 이론적 배경 토론에 참여해 준 우리경제교류협회 정영환 이사와 공인택 팀장, SBSCNBC 김종윤 기자, 태영회계법인 오근형 회계사님, 이주형 작가, 그리고 코인연합 각 대표님들에게도 감사의 인사를 전합니다.

더불어 NK코인 사업을 수행함에 있어 믿어주시고 영감을 주신 북측 관계자 여러분께도 진심으로 감사의 말씀을 전합니다.

이 책이 크립토 경제가 확대되는 마중물이 되어 저를 도와주셨던 분들이 흐뭇함으로 감사의 표현을 대신할 수 있기를 신께 빕니다.

2018년 12월
박항준